일본의
경제와 생활

문현일 저

일본의 경제와 생활

전남대학교출판문화원

본 교재는 인문학 전공학생, 특히 일본어문학 전공학생이 일본/일본인들의 경제와 경제활동에 대한 기본적인 지식을 터득하는 것을 목적으로 만들어졌다. 바꿔 말하면 일본인들을 상대로 한 대화/활동을 할 때에 일반상식으로 필요한 정도의 경제에 관한 기본적인 내용을 알기 위한 교재다.

근년 인터넷의 발달에 의해 일본을 포함한 외국의 정보들에 실시간으로 접할 수 있게 되었다. 외국여행도 일반화되어 학생 때에 어학연수 등으로 외국에 나갔다오는 학생들이 늘어나 직접 외국경험을 하는 기회가 많아졌고, 학습 환경에도 적지 않은 영향을 주고 있다.

한편 한국과 일본의 경제적인 유대관계가 상대적으로 약해지면서 예전과는 달리 한국기업에서 일본어를 사용하는 빈도가 줄어드는 것과 동시에 한국의 경기침체와 성장률 저하에 따라 젊은 층의 취직난이 계속되면서, 일본 등 외국 직장에 취직을 희망하는 학생들도 늘어나 있다.

이제 외국어, 특히 일본어는 한정된 환경에서 간접적으로 지식이나 정보를 얻기 위한 수단이라기보다 생활과 황동의 수단이라는 측면이 강해지고 있는 것이다. 일본 현지에서 쓰이는 말이나 일반적인 사람들의 사고방식과 언어활동을 알고, 기대되는 적절한 언행을 스스로 선택하는 필요성이 강해지고 있다.

본 교재에서는 경제에 관한 일반상식적인 수준의 내용을 다루었다. 경제/경영학을 전공하는 학생이나 평소 경제에 관심을 가지고 신문의 경제란 등을 많이 읽는 학생들에게는 너무 쉬운, 어쩌면 당연한 이야기를 하고 있는 것으로 보일지도 모른다. 그것은 어디까지나 이 교재는 경제의 전문가가 되기 위한 교재가 아니라 경제에 관해서 일본인들과 서로 일상적인 대화로 소통하기 위한 교재이기 때문이다. 보다 전문적인 지식을 얻고자 하는 학생들은 스스로 전문서적을 접하기를 바라고, 특히 인문학을 전공하는 젊은 학생들이 앞으로 나아가야 하는 경쟁 길에 힘이 되기를 바라는 바이다.

목차

1. 경제와 경기

우리가 흔히 "경제"에 대해서 말하고 생각할 때
"경기"라는 말과 함께 그것을 떠올릴 때가 많다.

생활 속에서 "경제"를 느끼게 해주는 것이
바로 "경기"다.

"경기가 좋다"
"불경기가 계속된다"
등 등…

"경제"라는 말의 뜻과
"경기"에 대해서 알아보기로 한다.

1. 경제(経済)

경제

인간의 생활의 필요한 재화(財貨)나 서비스(용역)를 생산/분배/소비하는 활동. 또한 그것을 통해 형성되는 사회적 관계 (≒ 돈이나 돈과 상품의 교환)에 관련된 것들

경제(経済)의 어원

경세제민(経世済民)의 약어 : 유학(儒學)의 용어[1]로 세상을 잘 다스리고 백성들을 구제하는 것. 그런 정치, 통치, 행정 (≒ 経國済民)

에도(江戸)시대 말기에 고전파경제학의 서적들이 들어오면서 political economy의 번역어로 쓰이게 된다[2] (≒ 이재(理財)[3]

경제학

한정된 자산(資産)/자원(資源)[4]의 가장 적합한 (낭비를 없애고 효율을 높이는) 배분(配分)(자원의 최적배분)[5]을 생각하는 학문

- 미시경제학(ミクロ経済学) : 개인이나 가정, 회사 등 가계(家計)의 경제학
- 거시경제학(マクロ経済学) : 세계, 국가, 사회단체 등의 대규모 경제학

---

1 수(隋)나라 때 王通『文中子』礼楽篇에「皆有經濟之道、謂經世濟民」등

2 1862년에 발간된 堀達之助외『英和対訳袖珍辞書』등

3 지금도 재무성(財務省, 한국의 기획 재정부에 해당) 안에 이재국(理財局)이라는 부서가 있다.

4 자산(資産)/자원(資源) : 돈(財), 시간, 힘(체력, 인력), 도구(인프라) 등 이익을 얻는데 쓸 수 있는 모든 것.

5 자원을 적합하게 분배(=쓰임새를 선택)하는 것(=다른 기회가 낳을 수 있는 가치를 버리는 것(기회비용(機会費用)의 지불). 기회비용 이상의 가치를 얻는 분배가 적합한 분배.

그렇게 행동해야 할 이류 : 자원이 한정되어 있기 때문(희소성의 원리, principle of scarcity, 希少性の原理 : Karl Gustav Cassel【カッセル, 캇셀】(1866-1945)스웨덴의 경제학자가 주장)

- 경제학에는 순수학문으로서 경제에 관련된 현상을 추구하는 측면과 동시에 경제적 사회문제에 대한 대책을 제시하기가 기대되는 응용적인 부분이 있다.
  사회문제의 예 : 실업문제, 물가상승(인플레이션), 빈부격차 등

경제적인 사람의 행동

경제적으로 이성적인 행동을 하는 사람(합리적경제인(合理的経済人)) : 자신의 이익을 최대화하기 위해 합리적으로 행동하는 사람.

(→ 최근에는 인간행동의 심리학적 측면(비합리성)을 고려하는 "행동경제학"이 등장[6])

2. 경기(景気)

경기

자원의 분배가 적합한지 아닌지 그 상황이나 체감

- 경기가 좋다(景気がいい, 好景気, 好況) :
  자원 분배가 잘 되어서 많은 자원을 회수하고 있는 상태와 그 느낌
- 경기가 나쁘다(景気が悪い, 不景気, 不況) :
  자원의 분배가 잘 안 되어서 자원회수가 적은 상태와 그 느낌

---

[6] 2002년에 노벨경제학상을 수상한 대니얼 카너먼 (Daniel Kahneman), 2017년에 수상한 리처드 탈러 (Richard H.Thaler) 등으로 유명하다

어떤 상황에 경기가 좋다고 느끼는가?

(수급곡선(需給曲線)으로 생각해봄)

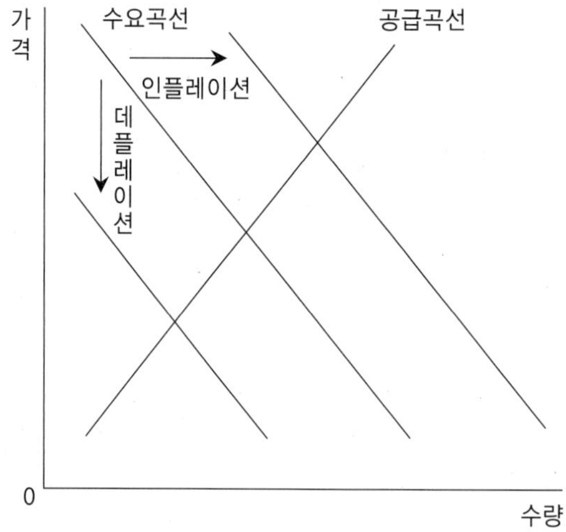

수급곡선(수요와 공급 곡선)

■ 인플레이션(インフレーション(インフレ))

①수요가 공급보다 많음(상품이 많이 팔리는 상태) → ②물가(物価(ぶっか))가 상승[7] → ③일시 소비자 생활이 어려워짐 → ④공급자 (기업)에게 들어가는 이익/수익이 증가 → ⑤기업의 투자 증가, 사업 확장 → ⑥일자리 증가, 직장인들의 급요 상승[8] → ⑦소비자들의 구매의욕 상승[9] → ⑧물가 상승 → ⑨국가의 경제규모가 늘어남 (GDP 증가)

- 기 업 : 팔리는 상품량이 계속 증가하고 수익이 증가하는 상황
- 소비자 : 수입이 증가, 사고 싶은 것들이 계속 많이 생기는 상황

[7] 물가 상승/하락의 원인은 원재료 가격 등 외부적인 요인도 있다

[8] 기업체가 이익을 직원이나 주주(株主(かぶぬし))에게 환급해야 경기 순환이 순조로워진다.

[9] 사회 복지, 재산의 보장 등 안정성이 보장되어야 소비가 촉진된다.

■ 데플레이션(デフレーション(デフレ))

①수요가 공급보다 적음 → ②물가(物価)가 하락 → ③일시 소비자는 살기 좋아짐 → ④공급자(기업)에게 들어가는 이익/수익이 감소 → ⑤기업의 투자 축소, 사업 축소 → ⑥일자리 감소, 직장인들의 급요 감소 → ⑦소비자들의 구매의욕 하락 → ⑧물가 하락 → ⑨국가의 경제규모가 줄어듦(GDP 감소)

- 기 업 : 팔리는 상품량이 계속 감소하고 수익이 감소하는 상황
- 소비자 : 수입이 감소, 사고 싶은 것들이 적고나 있어도 못 사는 상황

일본의 경기 침체 : 디플레이셔너리 스파이럴

(진행형 데플레이션, デフレ·スパイラル)

디플레이션 상태가 계속되면서 시장이나 경제규모가 축소되어 가는 현상

- 원인 : 유동성선호(流動性[10]選好)에 의한 유동성의 함정(流動性の罠[11])에 빠진 상태

10 유동성(流動性) : 현금으로 전환할 수 있는 정도(영국의 경제학자 케인즈(John Maynard Keynes, ケインズ)의 주장)

11 유동성의 함정(流動性の罠) : 케인즈 경제학을 해석한 영국의 경제학자 존 힉스(John Richard Hicks, ジョン·ヒックス)가 주장. 금융완화 등으로 이자율이 너무 떨어진 경우, 원래 이자를 낳기 때문에 현금보다 유리한 채권 등의 자산 소유수단이 현금과 차이가 없어져 사람들이 현금소유를 선호하게 되는 상태.

3. 일본의 경기 지수

호경, 불황 등을 알아보는 방법

대표적인 경지지수 3개

경기동향지수(景気動向指数) : 경기 동향의 지표가 되는 지수

일본 내각부(内閣府)[12]가 매월 발표

http://www.esri.cao.go.jp/jp/stat/di/di.html

■ 선행지수(先行指数) : 경기 동향을 미리 알 수 있는 지수. 12항목

- 신규구인수(新規求人数) 앞으로 인력이 필요하다고 할 때 늘어남
- 신설건설주택착공건평면적(新設住宅着工床面積) 건설업 종사자/원재료/시설 등
- 실질기계수추(実質機械受注) 생산업의 가동/예상
- 동증주가지수(東証株価指数) 투자자들의 예상　　등

■ 일치지수(一致指数) : 지금의 경기상태를 알 수 있는 지수. 11항목

- 대규모전력사용량(大口電力使用量) 공장 대형업소 등의 가동상황
- 소정외노동시간지수(所定外労働時間指数) 추가적인 업무(잔업/야간근무)
- 상업판매량(소매업)(商業販売量(小売業)) 생필품 등 판매량
- 유효구인배율(有効求人倍率) 지금 필요한 인력　　등

■ 지행지수(遅行指数) : 과거의 경기상태를 알 수 있는 지수. 6항목

- 가계소비지출(家計消費支出) 물가 경기를 반영

---

12 내각부(内閣府) : 행정부(行政府 : 수상(首相)과 각 대신(大臣)으로 구성)인 내각의 사무업무와 내각관방(内閣官房)을 보조하는 조직.

- 법인세수입(法人税収入) 회사 등 수입에 부과
- 완전실업률(完全失業率) 즉시 실업되지 않음 등

※ 일반적으로 지행지수는 경기예산에는 사용되지 않는다.

경제성장률(経済成長率) : GDP(GNI)의 성장률

GNP(국민총생산)[13]

→ (일본기업의 해외진출 : 외국의 생산액도 가산) →

GDP(국내총생산)[14]

→ (외국에서 생산되나 국내로 들어오는 액수가 빠짐) →

GNI(국민총소득)[15]

- 내각부(内閣府)가 4반기마다(3개월에 1번, 1년에 4번) 발표

  http://www.esri.cao.go.jp/jp/sna/menu.html

- 명목성장률(名目成長率) : 숫자 그대로 본 성장률
- 실질성장률(実質成長率) : 물가의 변동을 감안한 성장률

※ 성장률의 평가 : 잠재성장률(潜在成長率)을 기준으로 평가 (연 2% 정도)

GDP규모를 고려

GDP규모 : http://metrocosm.com/how-we-share-the-world/

13 GNP(국민총생산) : 일정기간 내에 국민이 산출한 부가가치의 총액

14 GDP(국내총생산) : 일정기간 내에 국내에서 산출된 부가가치의 총액

15 GNI(국민총소득) : GDP에 해외에서 들어오는 소득을 가산 한 것

일은단관(日銀短観)

(전국기업단기경제관측조사(全国企業短期経済観測調査))

: 전국의 기업 경영자를 상대로 한 앙케이트 조사. 일본은행이 4반기마다 발표
http://www.boj.or.jp/statistics/tk/index.htm/

참고사이트

· 日経経済指標ダッシュボード
https://vdata.nikkei.com/economicdashboard/macro/

· 日経ビジネスリーダー 統計·指標
http://www.nikkei.com/biz/report/

경제와 경기 복습

경제(経済)

✎ 경제

1. 인간의 생활의 필요한 (　　　　　)나 (　　　　　)를 (　　　　,　　　　,　　　　)하는 활동. 또한 그것을 통해 형성되는 사회적 관계.

✎ 경제(経済)의 어원

2. (　　　　　　　　)의 약어로 (　　　　　　　　　　　　　　　)이라는 뜻. 일본에서는 에도(江戸)시대 말기에 고전파경제학의 서적들이 들어오면서 political economy의 번역어로 쓰이게 되었는데 초기에는 (　　　　　)라는 말도 쓰였다.

✎ 경제학

3. 한정된 (　　　　　,　　　　　)의 가장 적합한 (　　　　)을 생각하는 학문. 크게 나눠서 개인이나 가정, 회사 등 가계(家計)의 경제학인 (　　　　　　　　　　)와/과 세계, 국가, 사회단체 등의 대규모 경제학인 (　　　　　　　　　)의 2가지가 있다.

4. 경제적으로 행동해야 할 이류는?

경기(景気)

5. 경기는 무엇을 말하는 단어인가?

6. "경기가 좋다/나쁘다"라는 말은 어떤 말인지 설명하시오.

7. 인플레이션과 데플레이션은 어떤 상태를 말하는가 설명하시오.

8. 현재 일본이 빠진 경기 침체 상태를 뭐라고 하나요?

9. 일본의 경기를 알아보고자 할 때 대표적인 경지지수 3개?

   1.

   2.

   3.

2. 돈과 환율, 엔고

돈이 발생한 간략한 경위와
각 통화끼리의 관계,
환률 등
그리고
일본 통화의 가치가
올라간다는 것, 즉 엔고에 대해서
알아보기로 한다.

1. 돈(화폐, お金, 通貨, 貨幣)

돈의 기원

자급자족의 공동체에서 신용과 인간관계를 기반으로 한 물물교환 → 교환하는 물건과 범위의 확대에 따라 거래 상대를 찾거나 조건 조절이 어려움 → 여러 마을에서 사람이 모이는 공공장소(절, 신사 등)에서 정해진 날에 열리는 **시장(市)**이 성립[1] → 다른공동체와의 거래(取引)의 필요성 → 교환의 매개체가 필요함 → 교환의 대용품으로 쌀, 천, 조개껍데기, 소금 등[2]이 사용됨 → **주화(硬貨** : 금/은/동화 등 귀금속)가 생김(여러 종류가 존재) → 종류가 다른 화폐의 교환을 하는 업자(両替商, 환전상)가 생김 → 대량/원격지 거래 → 업자가 처장, 지불대행자로 어음증(預り証, 約束手形[3], 為替手形[4])를 발급 → **지폐**

화폐의 조건

- 유통의 편리성, 사용자 간의 신뢰, 가치의 근거(발행자의 권위 등)
- 근거 : 권위나 강제력(국가 등의 법), 담보(본의제), 기록과 관리 시스템 등

자패
(중국 통화로 사용)

---

1 일본의 四日市, 五日市, 酉の市, 한국의 오일장 등

2 어느 정도 장기보존이 되고, 많은 사람들이 일상적으로 필요로 하는 것(교환하기 쉽고, 가치가 안정적인 것) 각 언어에 흔적이 남아 있다.
일본어 : 벼(稲(いね), ね) → 가격(値)
중국어 : 자패(绶贝, 宝贝) → 買貯貨資財貧 등 한자의 貝, 직물/천 = 幣
영어(라틴어) : 고대 로마에서 Salarium(소금)이 병사들의 급료로 유통 → Salt(소금), Salary(급료)의 어원

3 手形 : 증명서 등 어떤 권리/약속을 증명하는 물건(유가증권(有価証券))

4 為替 : 현금 외의 방법으로 타자에게 일정액을 결제하는 일과 그 이행 증명서

종류

- 주화(硬貨, 鋳貨, 금속화폐)와 지폐(紙幣)
- 본위화폐(本位貨幣 : 가치를 담보하는 근거는 실물에 있다)

  ⇔ 신용화폐(信用貨幣 : 보증(권위와 신뢰)을 근거)
- 법정통화(法定通貨 : 현실적 강제력(국가의 법 등)을 근거)

  ⇔ 가상통화(仮想通貨 : 시스템이나 계약에 근거)

기능(4가지)

- 가치의 척도(尺度) : 상품의 가치를 같은 기준으로 계산가능
- 채무의 결제/지불의 수단 : 노동/서비스 등 그 가치가 계량 가능한 것에 대한 채무의 결제수단
- 가치의 저장 : 상품들을 언제든지 입수할 수 있는 가치를 처장
- 교환의 매개물 : 교환을 원활하게

특징

- 다른 어떤 것보다도 교환이 용이(시장에 나와 있는 것이라면 뭐든지 교환 가능)

= 유동성(流動性 : 현금으로 전환할 수 있는 정도(영국의 경제학자 케인즈(John Maynard Keynes, ケインズ)의 주장))이 최고로 높다.

→ 원래 교환의 수단으로 생긴 돈 자체가 소유할만한 가치를 가진 것이 된다.

2. 화폐의 변화

금본위제도(金本位制度)에 의한 태환권(兌換券)[5]

시장경제의 발달 → 환전상(両替商)의 난입 → 환전상이 통폐합 → 은행(銀行)이 탄생 → 발행처마다 여러 종류의 어음(手形)를 발급/유통 → 어음의 신뢰성이 저하 → 대규모 예금 인출(取り付け騒ぎ, 뱅크런) 등으로 사회불안 → 국가(법)에 의한 화폐발급 통제 → 중앙은행(中央銀行)[6]의 탄생 → 중앙은행이 금/은과의 교환을 보장하는 증서(지폐)를 발급

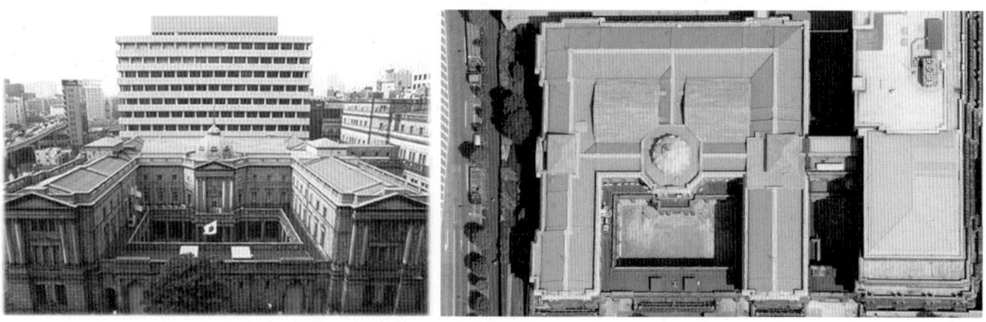

일본은행 본점의 건물 (辰野金吾[7] 설계)

---

5 태환권(兌換券) : 중앙은행이 지폐에 기재된 액수에 해당되는 금/은 등의 가치를 가진 실물로의 교환을 보장(금본위제도(金本位制度)/은본위제도(銀本位制度))하는 증권(지폐).

6 일본의 닛폰긴고(日本銀行, 일본은행), 한국의 한국은행, 미국의 FRB(연방준비은행), 중국의 중국인민은행, 유럽의 유럽중앙은행 등 국가가 법에 의해 통화발급과 관리를 위임한 기업.

7 다쓰노 긴고(辰野金吾) : 1854~1919. 일본 건축가. 도쿄역, 국기관, 조선은행(현 한국은행) 건물의 설계자. 구 서울역의 설계자 쓰카모토 야스시(塚本靖)의 스승.

일본정부 발행의 태환권

금본위제도(金本位制度)의 장단점

- 장점 : 발급화폐에 대한 담보가 있어서 화폐가치가 안정적
  많은 나라가 채택할 경우, 사실상 금이 화폐와 동일(각국의 국제수지가 안정)

- 단점 : 금의 보유량 확보의 필요성
  국가가 보유한 금의 분량 이상의 화폐를 발급 할 수 없어 경제활동이 제한 (불황대책 등 긴급한 상황에 대처하지 못한다)

금본위제도의 끝

금본위제의 문제점(나라가 보유한 금의 가치 이상의 화폐를 발급할 수 없다) → 경제활동에 제한 → 금/은 본위제도를 폐지하는 국가들이 생김

- 일본 : 명차유신 후 금본위제 도입하려다가 금 보유량이 부족
  1870년대 후반~1880년대에 은본위제로
  1897년 청일전쟁의 배상금으로 금본위제로 이행
  1914년 (제1차대전 시작) 지폐와 금의 교환을 정지(폐지)
  전쟁 후 부황으로 금본위제 복귀를 못한다.
  1930년 금본위제 복귀
  1932년 폐지(세계공황의 영향)

- 미국 : 1914년(1차대전 시작) 폐지
  1919년 복귀
  1929년(세계공황) 폐지
  1945년 IMF[8]체제
  브레턴우즈협정, Bretton Woods Agreements)[9]발효, 금본위제 복귀
  1971년 폐지(닉슨 쇼크(Nixon shock)[10])

---

8 IMF(国際通貨基金, 국제통화기금) : 가맹국(세계 188개국)의 경상수지(経常収支)를 감시하면서 국제무역(国際貿易)의 촉진, 높은 고용율과 국민소득 증대의 실현, 거래의 안정 등에 기여하기 위해, 수지가 현저하게 악화된 경우, 융자(融資) 등을 실시하고, 가맹 각국의 중앙은행의 조절역할을 한다.

9 브레턴우즈협정(Bretton Woods Agreements) : 2차대전이후의 세계의 국제금융체제 체결에 대한 협정. 1944년 협정체결, 1945년 발효. 미국 달러를 세계의 기축통화로 정하고, 금 1온스 35US달러의 금본위제도로 각국의 환율을 고정(고정환율제도, 固定相場制)하고 (1달러 360엔), IMF(国際通貨基金)와 세계은행(世界銀行 : 가맹 각국의 정부/정부가 보장한 기관에 융자를 하는 국제기관)을 설립했다.

10 닉슨 쇼크(Nixon shock) : 달러 쇼크. 1971년 8월 15일에 미국 닉슨 대통령이 고정환율제도에 의한 달러와 금의 교환의 정지를 선언한 일. 사실상 IMF을 중심으로 한 브레턴우즈체제의 포기를 뜻한다. 미국이 소련을 비롯한 공산주의국가들과의 체제싸움을 위해 다른 민주주의국가들에게 자금지원을 한 마셜플랜이 원인으로 금보유량 저하됨에 따라, 다른 국가들과의 사전 상의 없이 일반적으로 통보되었고 세계결제에 큰 파장을 일으켰다.

■ 폐지 결과 : 자유로운 결제활동이 가능

각 국가의 경제대책에 따른 신용도의 중요성이 확대

(국가부도의 위험성)

각국의 통화 환율이 시장에 영향을 받게 된다.

→ 본위화폐(本位貨幣)가 신용화폐(信用貨幣)로 변화

스미서니언 체제와 변동환율제(変動相場制)

미국이 금본위제도 폐지

→ 세계경제의 기축통화인 미국달러의 신용도 급락

→ 1971년 12월에 환율조정을 위한 긴급회의(스미서니언 회의)로 1달러 308엔으로 조정 → 미국 달러의 신용도가 계속해서 하락

→ 1973년에 변동환율제(変動相場制, 통화 환율이 시장원리로 변동)로

→ 통화가 상품화되고 통화시장(국제환율시장, 外国為替市場)이 생김

일본의 대표적인 외환시장거래 대행업체인 우에다하로(上田ハーロー)

(http://www.uedaharlowfx.jp/company/)

3. 환율

💡 **환율 :** 다른 종류의 화폐를 교환할 때의 교환비율

고정환율제도(固定相場制 : 경제적인 변동에 상관없이 일정한 환율로 교환)
→ 변동환율제(変動相場制 : 각 통화의 시장가치 변동에 따라 환율이 변동)
→ 투자자들은 결제/지불과 가치의 처장에 유리한 통화를 선호
→ 안정하고 시장가치가 있는(가치 상승이 전망되는) 통화의 환율이 상승
→ 통화를 거래 상품으로 하는 국제환율시장(外国為替市場)이 생김
(→ 시장에서의 기능면에서 유리한 가상통화(仮想通貨)가 생김)

4. 엔고(円高)의 구조와 딜레마

💡 **엔고 :** 국제환율시장에서 다른 통화에 비해 엔(円)값이 상승하는 것

일본이 외국에 상품을 수출 → 달러로 대금 결제 → 일본인 노동자들에게 인건비를 엔화로 지불하기 위해 달러를 엔화로 교환(엔을 사야함) → 엔화수요가 상승 → 엔화가격이 상승 → 일본상품을 대량으로 판매할 수록 엔고형상 → 외국에서의 상품가격에게 반영 → 상품판매가격 상승 → 공장 등 제조시설을 현지화 → 재조업과 기술이 해외로 유출(산업의 공동화(空洞化)) → 재조업의 쇠퇴

💡 **엔고를 외국 투자자들의 입장에서 보면**

인플레이션(물가 상승) = 통화가치 하락
데플레이션(물가 하락) = 통화가치 상승

경쟁력이 있는 통화 : 엔, 달러, 마르크 → 엔, 달러, 유로

1985 플라자합의 → 엔고 → 외환투자자들의 투자의욕 자극 → 1990 독일 통일로 마르크 하락 → 미국 달러에 대한 신용도 하락(중동 등 해외 파병) → 1999 유로가 생김 → 2008 리만사태, 2010 유로 위기

엔화 환율의 추이(1달러당)

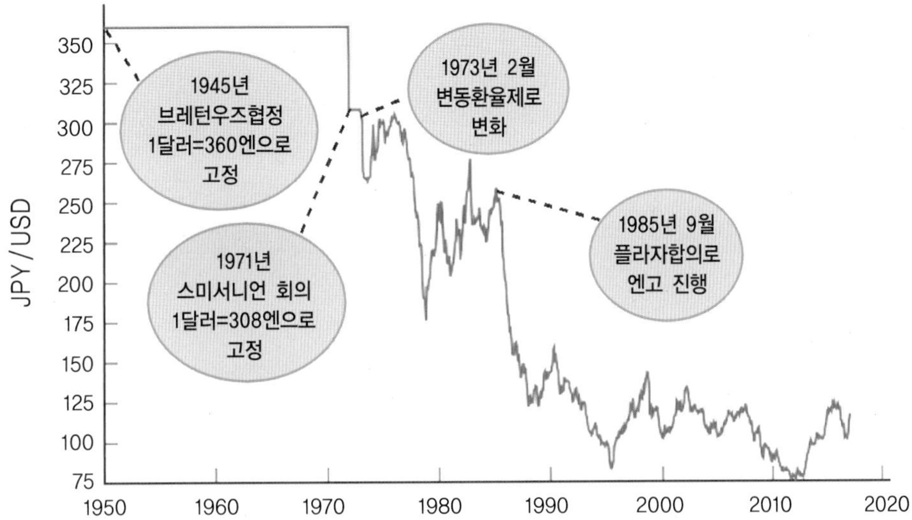

출처 : Wikipedia의 data를 가공

돈과 환율, 엔고 복습

돈

종류 3가지

1. (　　　　　　　　　　), (　　　　　　　　　　)

2. (　　　　　　　　)(실질적인 담보를 근거) ⇔
(　　　　　　　　　　)(보증하는 권위와 신뢰를 근거)

3. (　　　　　　　　)(현실적 강제력을 근거) ⇔
(　　　　　　　　　　)(시스템이나 계약에 근거)

기원

4. 물물교환의 시장에서 금속화폐가 생긴 이유?

5. 화폐를 저장하거나 대량/원격지 거래(取引(とりひき))를 담당하는 업종은?

6. 나중에 지폐가 되는 거기서 발행되는 증면서는?

✎ 돈의 4가지 기능?

7. 가치의 (   ),

8. 채무의 (/   )의 수단,

9. 가치를 (   ),

10. (   )의 매개물

화폐의 역할변화

11. 위의 5.가 통폐합되고 생긴 것은?

12. 국가가 화폐를 발급하고 11.을 통제하기 위해 만든 것은?

13. 처음에 12.가 발급한 화폐는 (   )이었다.

14. 13.의 소유자가 원하면 액수와 동일의 가치의 귀금속과 교환해주는 제도를 (/   )라고 한다.

15. 미국달러가 세계의 기축통화가 되고, 금1온스 35US달러로 환율을 정하고. 달러와 다른 국가의 통화 간의 환율을 고정한 협정의 이름은?

16. 각국 통화 간의 환율을 고정하는 제도는 무슨 제도?

17. 미국대통령이 사실상 위 15.의 협정의 이행을 포기할 것을 선언한 1971년의 사건은?

18. 금본위제도의 장단점에는 어떤 것이 있을까?

장점 :

단점 :

19. 17.의 사건으로 불안정해진 환율을 1971년 12월에 조정한 협정과 그 체제의 이름은?

20. 환율을 고정하지 않고 시장원리로 변동하게 놔두는 제도는?

21. 20.의 결과 각국의 통화를 상품으로 다루는 시장이 생겼는데 그 시장의 이름은?

22. 일본이 상품을 수출할수록 엔고형상이 나타나는 이유는?

23. 22.의 엔고를 막으려고 상품제조시설들을 해외로 이동한 결과 제조업이 쇠퇴하는 현상의 이름은?

24. 해외 투자자들이 볼 때 일본의 데플레이션이 유리한 이유는?

3. 은행의 역할과 금융

은행의 역할,

그리고

중앙은행과 일반은행,

국가와 은행의 관계,

금융에 대해서 알아본다.

1. 은행의 업무와 역할

은행

■ 은행

금융기관(金融機関)[1]의 한 종류로 예금의 입금(저금)과 출금. 자금 대출을 하는 기관 = 자산관리/신용평가의 전문가관(일반적인 정의. 일본법의 정의는 약간 다름)

■ 은행(銀行)의 어원

시부사와에이치(渋沢栄一)

1872(메이지5년) "국립은행조례" 제정 때, 참고한 미국의 국립은행법(National Bank Act)의 Bank를 "은행"으로 번역한 것이 시작. 돈(금/은)을 다루는 가게("행(行)"은 중국어로 가게를 뜻함)라는 뜻으로 "금행" 또는 "은행"으로 하는 안이 나왔는데 은행(銀行)의 어조가 좋아 채용되었다고 한다. 그 외에 시부사와에이치(渋沢栄一)[2]가 이름을 지었다는 설도 있다.[3]

※ Bank의 어원 : 12C쯤 세계의 무역, 문화의 중심지였던 이탈리아 북부의 환전상(両替商)이 업무에 사용한 책상 또는 의자(BANCO)가 유래라는 설이 있다.

---

1 금융기관(金融機関) : 도시은행/지방은행/제2지방은행, 신탁은행, 신용금고, 신용조합, 보험회사, 증권회사, 소비자금융(제2금융권) 등

2 시부사와에이치(渋沢栄一)(1840-1931) 에도부터 다이쇼(大正)시대의 관료, 실업가. 제일국립은행(第一國立銀行(일본에서 처음으로 설립된 상업은행)), 도쿄증권거래소(東京証券取引所) 등 많은 기업의 설립, 경영을 맡았고, "일본자본주의의 아버지"로 불리는 사람.

3 출처 (일본은행Q&A(教えて!~にちぎん)에서
https://www.boj.or.jp/announcemnts/education/oshiete/history/j09.htm/

■ 은행의 업무 : 금융상품을 매매

- 예금상품 : 고객의 예금을 입금(저금), 관리 (이자 지불)
- 대출상품 : 개인/기업에게 대출 (원금, 이자 징수)
- 매매상품 : 통화/유가증권(국채 등)을 매매

■ 은행의 기능(역할) : 금융(자금의 중개, 신용창조, 결제)

- 중개기능 : 당분간 용도가 없는 자산을 지금 필요한 자에게 중개하는 매개역할
- 신용창조기능 : 자금이 없는 자에게 자금을 대출(있는 자금 이상의 신용을 창조) 한도는 지불준비율과 BIS규제로 제한된다.
- 결제기능 : 당사자들이 직접 현금을 주고받지 않아도 그 역할을 계좌를 통해서 대신한다.

(기타 : 통화의 유통/회수 역할)

■ 은행의 신용(경영상태)

- 자기자본율(自己資本率, BIS비율)

  BIS(국제결제은행)규제 : 자기자본(自己資本) 8%의 규칙. 국제적인 업무를 하는 은행은 대출한 금액에 대비해 8% 이상의 자기자본이 있어야 한다(일본국내에서만 영업하는 은행은 4%).

- 정보개시보고서(ディスクロージャー誌)

  일본의 은행법·은행법시해규칙 등에 따라 연2회 은행이 의무적으로 발행하는 보고서

예 : りそなホールディングス

http://www.resona-gr.co.jp/holdings/investors/ir/disclosure/

三菱UFJフィナンシャル·グループ

http://www.mufg.jp/ir/disclosure/

■ 은행의 이익은? : 수수료와 이자

수수료 : 결제/환전의 수고비

이자 : 빌리는 쪽 : 대여금(사용료)

빌려주는 쪽 : 소비를 인내하는 대금

이익 : 받는 이자(대출)와 주는 이자(예금)의 차액, 기타 운영 이익

■ 금융상품과 이자율(금리)

운영방식 : 자산관리 방법(노우하우)

예금상품 : 고객이 받는 이자율에 차이

대출상품 : 고객이 주는 이자율에 차이

매매상품 : 유가증권 종류, 수수료에 차이

대출금리와 예금금리의 추이

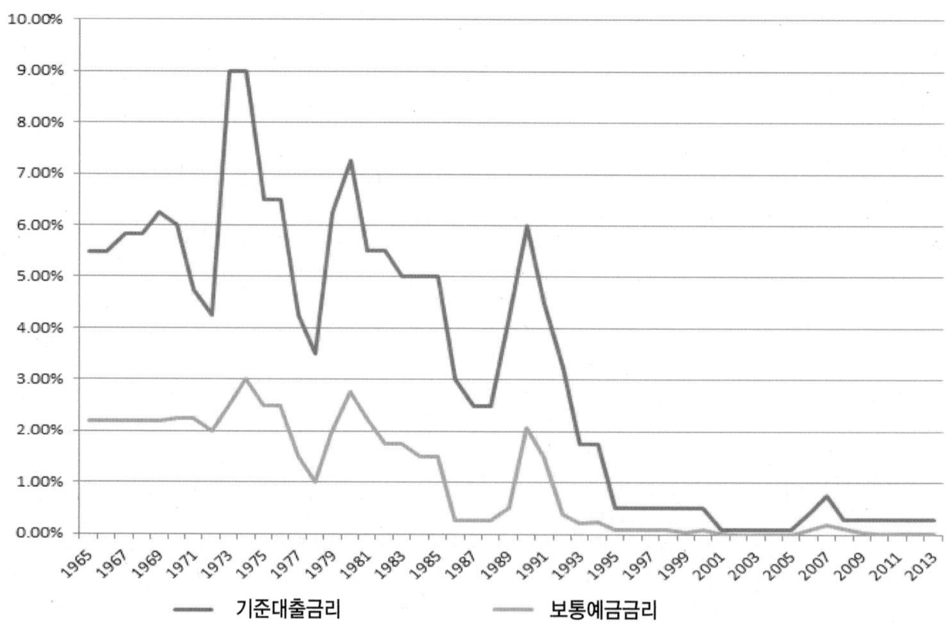

出所　基準貸付利率　日本銀行調査統計局主要預貯金金利 普通預金、日本銀行金融機構局

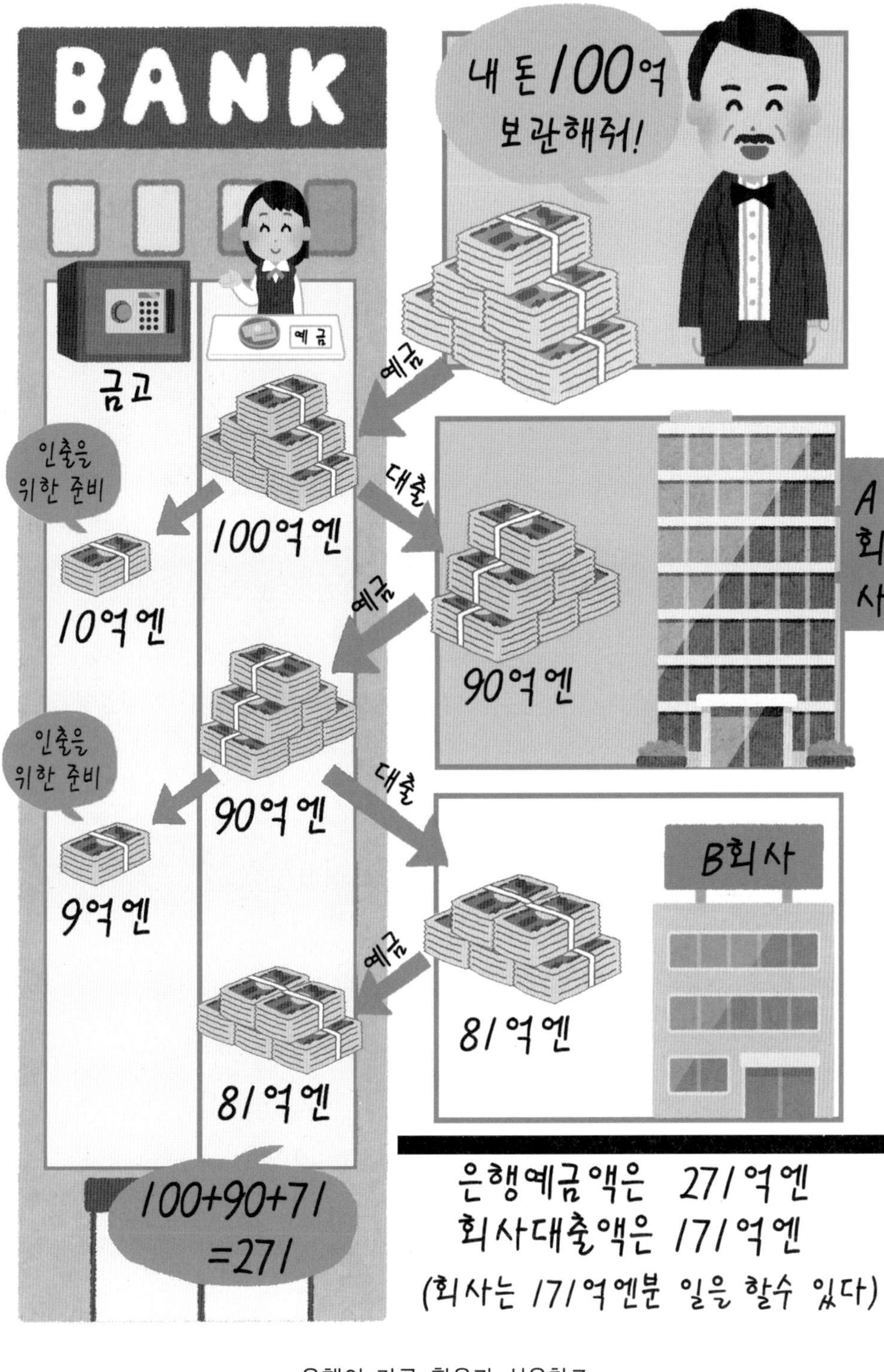

은행의 자금 활용과 신용창조

2. 일본은행(일본의 중앙은행)

역할(설립의 목적)

건전한 **금융 시스템의 유지**

경기의 안정(금리, 통화량의 조절)

일본은행의 업무와 기능

■ 발권은행

지폐발급(지폐가치를 보증하는 주체(빚) = 일본 은행권(지폐)은 채권), 통화의 유통과 품질관리

■ 은행의 은행

- 일반은행의 계좌 개설(예금), 대출(담보는 국재/사채 등 증권)
- 일반은행 간의 거래수단(계좌를 통한 거래/관리)

일은넷(日銀ネット) : 은행 간의 돈거래를 위한 일본은행 안의 금융망

콜시장(コール市場) : 은행 간 단기 대출시장

■ 정부의 은행

정부 자산의 수입과 지출을 관리(계좌를 통한 거래/관리)

일본은행과 일본정부의 관계 (중앙은행의 독립성)

- 일본정부 : 입법(국회 国会), 행정(내각 内閣), 사법(법원, 裁判所)
  재무성(財務省), 금융청(金融庁)은 내각의 하부기관
- 일본은행 : 법(日本銀行法)에 의해 경영되는 인가법인(정부 55%, 민간 45% 출자)
  주식에 해당되는 출자증권 발행, JASDAQ(ジャスダック)에 상장.
  단 출자자에게 경영관여나 임원선출의 권리는 없다.
- 이유 : 중앙은행의 논리(금융의 안정)과 정부/정권의 논리(경제발전)는 대립하기 쉽다.

3. 국채(国債) : 국가가 발행하는 유가증권

국가(재무성(財務省))가 자금을 준비하기 위해 발권하는 채권(재정법(財政法)으로 규제)

대표적인 국채(보통국채(普通国債))

- 건설국채(建設国債) : 국가의 인프라 정비를 위해 발행되는 국채
- 적자국채(赤字国債) : 적자를 메우기 위해 발행되는 국채(원래는 법으로 금지)

각 국채에는 상환기간(償還期間 빌린 자금을 갚아야 하는 기한. 6개월~40년)과 이자나 가격의 계산방법으로 여러 종류가 있다(이자율(고정/변동), 원금(물가연동/할인)).

※ 균형재정(均衡財政)과 케인즈의 적극적재정정책

- 균형재정(均衡財政) : 경상지출의 총액이 경상수입의 총액과 같은 재정상태(수입(세입)과 지출(국가예산)이 같은 상태)
- 균형재정주의(均衡財政主義) : 정부의 경제정책은 균형재정을 원칙으로 해야 한다는 주장

케인즈(존 메이너드 케인스(John Maynard Keynes)의 적극적재정정책

경기의 후퇴, 경기회복의 지연, 장기간 실업률이 높을 때에는 적자재정지출을 단행하고 인프레이션을 유도하고, 경기가 좋아지면 세금을 올리고 정부지출을 절약하는 정책을 취해야 한다.(경기가 나쁜 시기에 균형재정은 악영향이다.)

■ 일본 국채의 매매

- 취급업체 : 은행 등 금융기관이나 증권회사(취급하는지는 각 회사가 결정)

- 구입 : 개인, 법인(회사, 은행 등), 외국 중앙은행.

  (단 일본은행은 신규 발급 국채를 직접 구매할 수 없다(중앙은행의 독립성))

■ 은행과 국채

국채도 금융상품의 한 종류(이자, 상환기간이 있음)

은행의 대출업무 : 개인/기업의 신용을 평가하고 자금을 대출하고 이자를 받는다.

대출의 이자율 > 국채의 이자율

경기가 하락 → 개인/기업의 신용평가↘ → 대출업무에 지장

→ 안전한 대출상대=국가 → 은행이 국채를 구입

→ 국채구입자금↗ 대출자금↘ → 대출이자율↗

→ 은행이 대량의 국채를 보유, 은행이 받는 이자수입↘

→ 은행의 기능이 약화(자금중개/신용창조↘)/기업과 개인이 대출을 못 받고 경기 후퇴

→ 경기/금융시스템의 안정성↘

4. 일본은행의 금융정책

: (경기안정을 위한 조작 : 오퍼레이션(オペレーション))

금리를 기준으로 은행(시장)에 유통되는 통화량을 조절

- 일본은행이 은행(시장)의 통화를 사는 일 : 매입 오퍼레이션(買(か)いオペ)
- 일본은행이 은행(시장)에 통화를 파는 일 : 매도 오퍼레이션(売(う)りオペ)
- 목표로 하는 금리의 수준 : 정책금리(政策金利(せいさくきんり))

1994년 금융자유화까지는 일본은행이 은행에게 대출할 때의 금리(公定歩合(こうていぶあい))를 통해 금리를 조절 → 지금은 국채의 매매를 통해 금리를 조절

- 경기가 안 좋을 때 → 일본은행이 상업은행이 보유한 국채의 일정량을 구입 → 상업은행이 보유한 통화량↗ → 상업은행끼리 단기금리↘ → 대출자금↗/대출금리↘ → 개인/기업의 경제활동이 활성화
  → 경기를 회복

- 경기가 좋을 때 → 일본은행이 상업은행에게 국채의 일정량을 판매/상업은행에 대한 대출 금리를 인상 → 상업은행이 보유한 통화량↘ → 상업은행끼리 단기금리↗ → 대출자금↘/대출금리↗ → 개인/기업의 경제활동이 감속
  → 경기에 제동

지폐/주화의 흐름

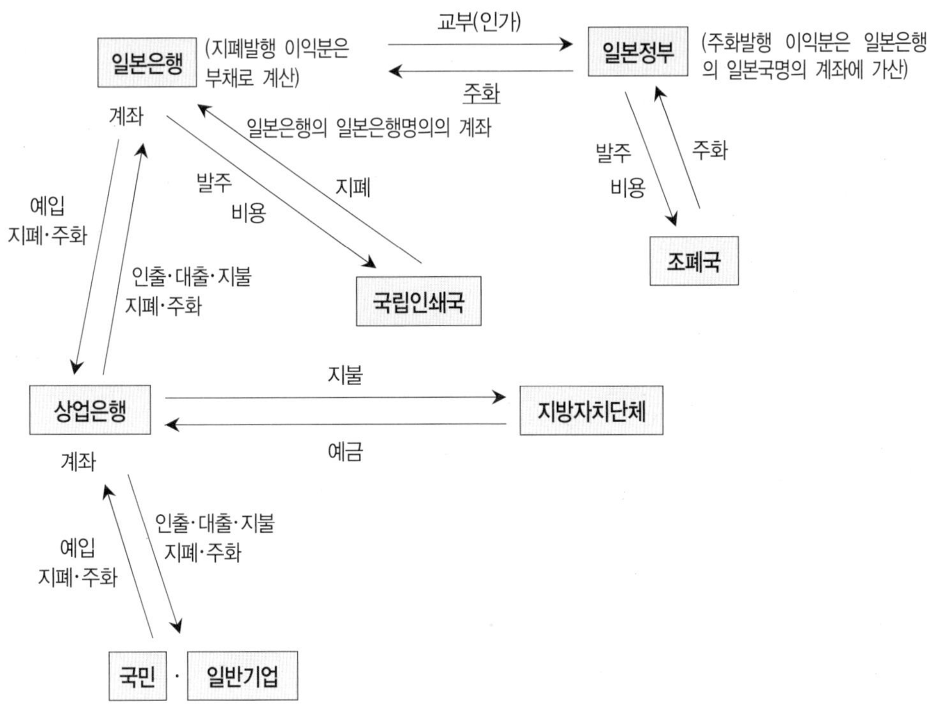

국채발행/판매의 흐름

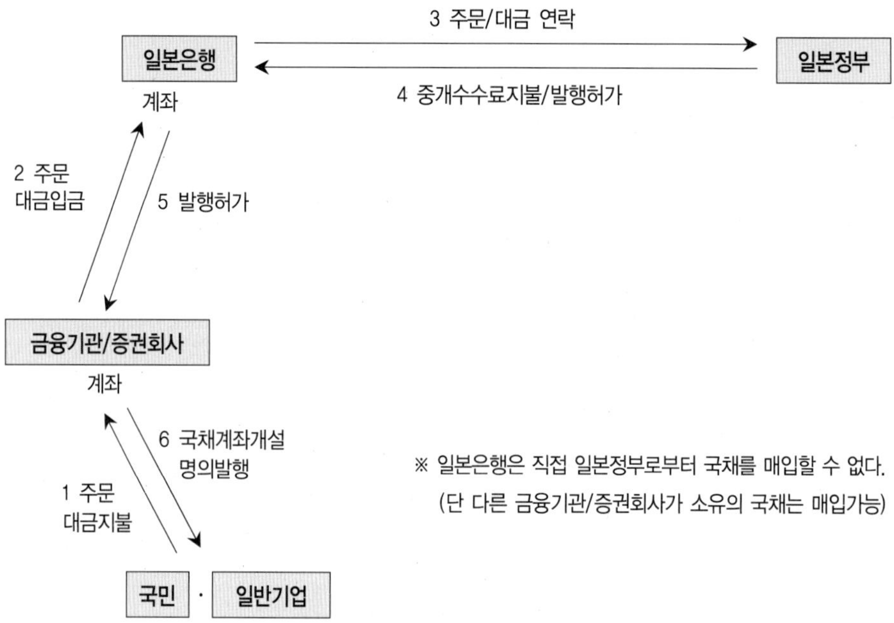

※ 일본은행은 직접 일본정부로부터 국채를 매입할 수 없다.
(단 다른 금융기관/증권회사가 소유의 국채는 매입가능)

금융정책의 흐름

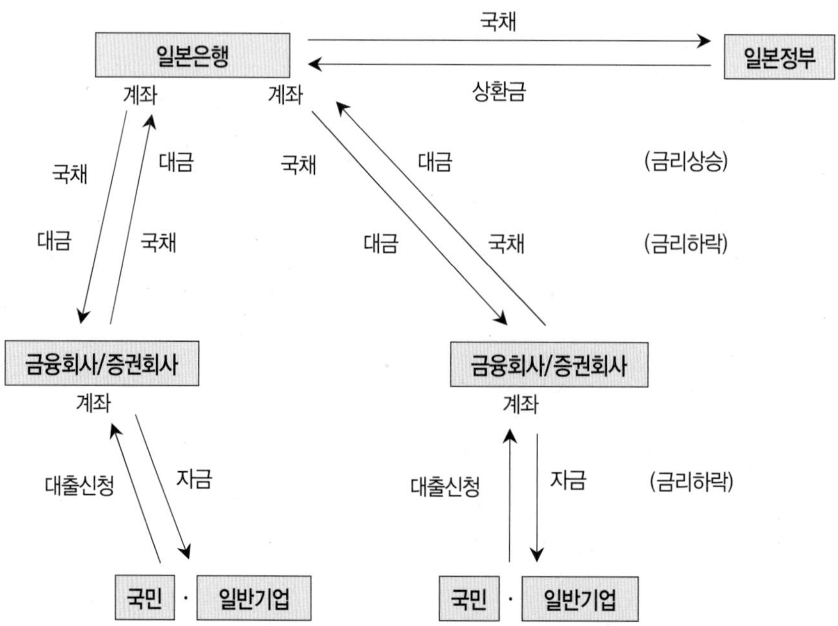

은행의 역할과 금융 복습

1. 은행의 역할(기능) 3가지는?

·

·

·

2. 일본에서 은행의 경영 상태를 판단하는 지표 2개는?

·

·

3. 은행은 무엇으로 이익을 얻어요?

4. 일본의 중앙은행인 일본은행과 일본정부와의 관계는? 그렇게 되어 있는 이유는?

5. 일본은행의 기능 3가지는?

·

·

·

6. 일본은행이 해야 하는 역할(목적) 2가지는?

·

·

7. 국가가 자금을 준비하기 위해 발권하는 채권은?

8. 일본정부가 발권하는 7.에는 어떤 것이 있나요?

·

·

9. 일본에서 신규로 발행되는 7.을 못 사는 단체와 그 이유는?

10. 일본은행이 경기의 안정을 위해 하는 조작의 이름은?

11. 10. 때에 목표로 하는 금리의 수준은?

12. 경기가 하락되었을 때 일본은행을 무었을 하고, 그것이 잘 되면 어떻게 되요?

4. 국가의 경기부양 정책

국가와 경제의 관계
즉 국가가 가진 경제적
과제/목표에 대한 국가대책(경제정책)을
각 정책의 근거가 된 경제이론과
그것을 주장한 경제학자와 함께
간략하게 알아본다.

1. 경제와 사회문제

경제문제의 변화

■ 대표적인 경제문제 3가지

: 실업문제, 인플레이션(물가상승), 빈부격차(성장의 감속)

■ 산업혁명 이후 자본주의가 등장하고 나서 시대에 따라 이슈가 되는 경제적인 사회문제는 변해왔다.

→ 상황에 맞게 그 대책을 제시하는 경제학설이 부각된다.

- 세계공황~세계대전과 케인즈혁명의 시기(1920년대 말~1960년대 중반) : 실업문제
- 케인즈혁명~리만사태(1960년대~2008) : 인플리이션
  (물가상승 = 통화가치의 하락)
- 리만사태~현재(2008~) : 경제성장의 감속과 빈부격차

2. 케인즈 이전

고전파 경제학

■ 애덤 스미스(1723~1790)

영국의 철학자, 윤리학자, 경제학자

『국가의 부(富)의 본질과 원천에 대한 탐구』(1776)

(『국가의 부』 또는 『국부론』)

수요 공급 곡선과 시장의 원리 등으로 시장이 가진 조절기능을 강조. 각자가 자신의 이익을 추구하는 자유경

쟁이 부의 적절한 분배를 달성한다. (신의 안 보이는 손)

※ 하지만 그에 앞선 저서 『도덕감정론』(1759)에서는 사회질서의 중요한 요인은 공감(symphathy, 同感)의 감정으로 주장

- 고전파의 주장과 달리 시장경제는 심각한 물가상승과 불황을 반복 1929 세계공황 (심각한 실업자 증가)

마르크스 경제학

- 칼 마르크스(1818~1883)

독일 프로이센왕국 출신의 철학자, 사상가, 경제학자, 혁명가

자본주의의 모순을 규탄. 그 해결책으로 공산주의를 제시. 시장원리에 맡기면 경제문제(자본가에 의한 노동자의 착취)는 해결되지 않으며 노동자는 자본가로부터 생산수단을 쟁취하고 공산주의국가를 세워 국가가 경제를 관리해야 한다고 주장.

※ "공산주의 혁명(폭력혁명)을 주장", "과학적 유물론(무신론)", "종교는 아편", "사유재산의 부정" 등 수용하기 어려운 측면이 많다.

3. 케인즈 경제학

■ 존 메이너드 케인스(John Maynard Keynes)(1883~1446)

영국의 경제학자

- 케인즈의 총수요관리정책(総需要管理政策) : 케인즈 정책.

국가가 고용 창출/경기부양에 적극 참여하여 재정지출과 공공투자로 대규모사업(인프라 건설 등 대형공사)을 추진하여, 사회의 수요를 만들어 주는 것이 실업과 불황의 해결책이라고 주장. 이 정책을 위한 국채 발행을 권장(경기 해복 후에 변제)

→ 균형재정주의를 부정 (케인즈 혁명, ケインズ革命)

케인즈 정책 파급의 경위

균형재정주의(均衡財政主義) 주류의 시기 1929년에 세계공황(世界恐慌)이 일어났다.

미국에서 주가 대폭락, 금융기관들이 도산 → 자금의 흐름이 멈춤 → 세계적 영향 → 각국이 자국의 산업을 지키는 보호정책(높은 관세) → 수출 감소 → 실업자들이 대량으로 발생 → 각국의 세금수입이 감소 → 국가운영이 마비

① 고전파 경제학과 케인즈의 실업관

- 고전파 경제학의 실업관(수급곡선) : 실업 = 노동자에 원인
  - 기업 입장 : 대량의 실업자들(일자리에 대한 많은 수요)은 임금을내리면 해소
    → 임금을 내리지 못하게 하는 노동조합에 문제
  - 노동자 입장 : 임금을 내리면 일하지 않겠다.

- 케인즈의 실업관 : 자발적 실업자와 비자발적 실업자가 존재
기업이 경비절약을 모도하면 새로운 인력 채용보다 기존 노동자에게 부담을 가중 → 채용 감소

※ 케인즈는 고정파경제학이 다루지 않았던 실업문제를 경제학의 문제로 취급

② 미국 공화당과 민주당

- 공화당 : 보수주의(신보수주의), 크리스트교(하나님 아래 자유/평등을 중요시 → 자유경쟁), 대기업 우선
  : 국가의 간섭을 최소화(**작은 정부**를 선호)
- 민주당 : 진보주의, 국제주의, 노동운동, 복지(재분배)중시
  : 국가가 사회에 적극적으로 간섭(**큰 정부**를 선호)

• 세계공황(1929) 때, 미국은 공화당 후버대통령 정권 → 민간 경제에 대한 정부의 간접을 자제 → 경기 악화 → 선거로 민주당 루즈벨트 정권 탄생 → 케인즈 정책을 채용 → 뉴딜정책으로 경기부양

※ 리만사태(2008) 때, 공화당 부시대통령 → 민간 경제에 대한 정부간접을 자제 → 경기악화 → 공적자금 도입(금융기관 구제) → 국민의 불만 증대 → 선거로 민주당 오바마정권 탄생 (그린 뉴딜정책으로 공공투자)

4. 케인즈 정책

승수효과(乗数効果(じょうすう こうか))

: 재정지출 등의 투자가 산출하는 경제적인 효과 (경기활성에 대한 효과)
생산자(기업/정부)가 투자↗ → 직원/국민 소득↗ → 소비↗ → 국민소득↗ → 소비↗ → 국민소득↗ → 소비↗ → ···

소비성향과 저축성행

- 소비성향(消費性向) : 소득(가처분소득) 중 소비가 되는 비율
- 저축성향(貯蓄性向) : 소득(가처분소득) 중 저축이 되는 비율

• 소비성향(消費性向) + 저축성향(貯蓄性向) = 1

※ 소비성향이 커야 승수효과도 커짐(저축을 소비로 돌려줘야 경제적 효과가 커짐)

누진과세(累進課税)로 인한 소비 확대

■ 소득과 소비성향

개인은 소득이 클수록 저축이 커짐(생활비는 한계가 있다)

■ 누진과세(累進課税)

국민전체의 소비성향을 올리기 위해 소득이 많은 사람에게 중세 → 과세된 세금을 사회보장/복지로 → 사회보장을 받은 사람들이 소비

이자율에 의한 직접투자 유도

■ 저축을 통한 간접적인 투자보다 투자자들이 직접투자하게 유도

유동성 선호 : 사람들은 재산보유의 수단으로 유동성(교환가능성)이 제일 큰 돈을 선호

→ 자신의 재산을 늘릴 수 있을 때에 소비나 투자

→ 저축의 이자보다 투자의 이익이 크면 투자를 선택

→ 저축의 이자율을 인의적로 내림 → 저축을 피해 투자로

케인즈 정책의 오산

■ 유동성의 함정 : 사람들은 유동성이 최대로 큰 통화를 선호하기 때문에 소비를 피하고 저축을 선택할 수가 있다.

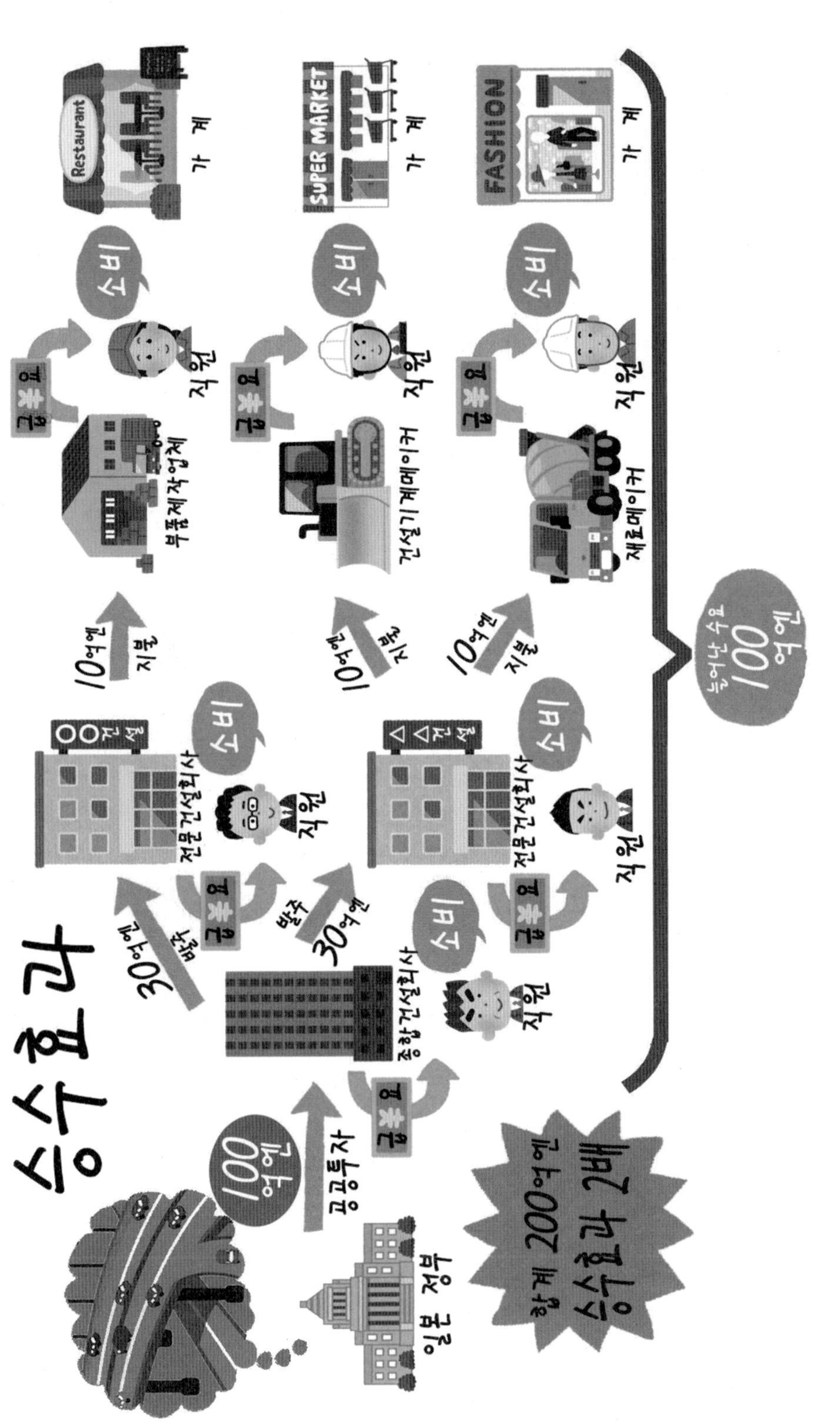
승수효과
100억엔
공공투자
일본 정부
고용
종합건설회사
직원
소비
발주
30억엔
전문건설회사
○○건설
△△건설
10억엔
지불
부품제작업체
건설기계메이커
재료메이커
가게
Restaurant
SUPER MARKET
FASHION
늘어난 수요
100억엔
합계 200억엔
승수효과 2배

■ 세율 상승에 대한 국민들의 반감

■ 국가가 충분히 세금으로 이익을 받아도 정치가들은 불필요한 공공투자를 멈추지 못한다.

(정치(국회의원)와 경제(사업체/지방)의 유착)

■ 인플레이션에 의한 부작용 : 물가상승에 대응하지 못하는 사회적 약자에 악영향 → 승수효과의 하락과 정부의 재정적자의 누적

- 결과 : 공공투자는 어느 정도 효과는 있으나 재정적자가 누적인플레션과 빈부격차의 문제는 미해결

5. 프리드만과 신자유주의

■ 밀튼 프리드만(Milton Friedman)(1912 ~)

통화주의자(マネタリスト)

신자유주의자(ネオリベラリスト, ネオリベ)의 대표적인 인물

시카고학파(자유에 대한 신념이 강함)

69년 닉슨에 변동환율제를 제언(닉슨쇼크)

71년 노벨경제학상 수상

■ 정부의 공공투자보다 중앙은행의 금융정책의 역할이 중요

금융정책의 원칙을 제시. 단기적으로는 통화 공급량이 물가에 영향을 주나 장기적으로 보면 화폐공급량은 물가만 상승시키고 실물경제에는 영향을 주지 못했다(화폐의 중립성). 화폐량이 새로운 부가가치를 만들 수는 없다.

→ 화폐량만 잘 조절하면 물가상승은 방지할 수 있다.

→ 정부의 경제정책(시장에 대한 간섭)은 시장을 불안정하게 하는 요소

→ 자유경제에 돌아가야 한다.

■ 신자유주의자로서의 프리드만

불필요한 정부의 공공서비스의 리스트(『자본주의와 자유』 (1962))

1. 농산물 매입보장제도
2. 수입관세, 수출제한
3. 상품, 서비스의 산출규제
4. 물가 임금에 대한 규제·통제
5. 최저임금과 가격상한의 법적규제
6. 산업과 은행에 대한 상세한 규제
7. 통신·방송에 관한 규제
8. 현행 사회보장제도와 복지
9. 사업·직업에 대한 면허제도
10. 공영주택·주택건설에 보조금제도
11. 평상시의 징병제도
12. 국립공원
13. 영리목적의 우편사업금지
14. 국가·지자체가 보유/경영하는 유료도로

■ 국민의 선택의 자유를 중시(자기책임) : 공공투자, 누진과세 등에 강력하게 반대

■ 작은 정부 : 국가의 역할은 국방과 국내법의 유지(자유를 지킴)

■ 지방자치의 강화 : 기타 정책은 중앙정부가 아니고 지자체(지방정부)가 실시 → 국가/지자체의 정책의 비교/평가, 이동이 용이해야 개인이 선택이 가능

※ 경제학 모델의 기본적인 전제(=합리적경제인=경제적으로 합리적인 행동을 하는 인간)를 바탕으로 하고 있어서 개인의 선택의 자유와 그 결과에 대한 자기책임이 기본원칙

영국 79년 영국 대처 정권(작은 정부)
미국 81년 미국 레이건 정권에 큰 영향(작은 정부)
티파티 운동 : 조세 저항운동
일본 82~86년까지 일본은행 고문(일본 나카소네 정권에 영향)
96년 하시모토 정권, 금융 빅뱅(금융규제 완화)
01년 고이즈미 정권 우편정책개혁
(우편사업 민영화→민주당정권으로 중지)

04년 파견노동 자유화

한국 93년 금리자유화, 금융실명제(김영삼의 진보적 민주주의)

2017년에 트위터에서 돈 신자유주의를 비꼰 만화

신자유주의와 낙수효과

■ 낙수효과(Trickle-down effect)

부자가 부유해지면 가난한 자에게도 그 부의 일부가 자연히 흘러 떨어진다(Trickle-down)는 사고방식. 전문적인 경제학 용어가 아니고 정부가 대기업이나 부유층을 대우하는 태도를 비꼬아 말한 표현. 특히 1980년대의 미국 레이건 정권의 경제정책인 레이거노믹스(Reaganomics)는 그 대표적인 예로 여겨지고 있다.

통화주의자가 직면한 어려움

1980년대 초반부터 통화의 유통속도가 불안정(전제조건의 변화)

→ 통화량조절의 효과가 줄어듦

→ 통화주의자의 권위저하에 따라 케인주주의자가 복권

→ 케인즈적인 공공투자와 통화주의자적인 중앙은행의 통화량조절이 평행

6. TPP/FTA 등 자유무역

■ 데이비드 리카도(David Ricardo)(1772~1823)

영국의 고전파, 경제학자.

- 리카도의 비교우위 : 생산량이 서로 다른 나라끼리는 분업을 하고 우위한 분야에 주력을 하면 생산량을 더 늘릴 수가 있다.

	밀		자동차	
	노동자	생산량	노동자	생산량
A국	100명	1,000t	100명	500대
B국	100명	900t	100명	300대
합계	1,900t		800대	

➜

	밀		자동차	
	노동자	생산량	노동자	생산량
A국	20명	200t	180명	900대
B국	200명	1,800t	0명	0대
합계	2,000t		900대	

- 문제/의문점

경쟁이 이루어지지 않고 관계가 고정화

무역의 이익은 생산량의 증가만?

생산요소/수단도 이동할 수가 있다

중간 재료의 무역을 고려하지 않고 있다 등

※ 신자유주의가 자유무역을 추진시키고 있다.

■ 2차대전 이후 각종 무역협정과 기관 설립

- GATT(관세 및 무역에 관한 일반협정) : 1947년의 이루어진 국제조약 및 그것에 서명한 국가들로 구성된 국제조직
- WTO(세계무역기구) : 1995년 GATT를 더욱 강한 구속력을 가진 국제 무역에 관한 조직으로 개편(GATT 우루과이 라운드)

7. 경제성장의 문제

경제성장의 원동력은 기술발전

예 : 증기기관의 발명 → 산업혁명과 대량생산
인쇄기술의 발달 → 인쇄/출판시장, 문학작품 제작/유통
통신/교통의 발달 → 자유무역과 금융/외환 국제시장
에너지혁명(석유 → 석탄) → 효율적 에너지 사용
영상매체의 발명 → 영상/영상기기의 제작/유통
IT기술의 발달 → IT산업(컴퓨터/스마트폰 등)과 가상통화

※ 기술발전은 투지로 의해 이루어짐 → 자본을 가진 개인/단체/국가가 유리 → 격차가 벌어짐

■ 기술의 이전과 보급

기술이전은 선진국에서 후발국으로/낡은 기술부터 새로운 기술로
선진국이 상대적으로 낡은 기술의 상품을 인건비가 싼 후발국에서 생산 → 기술의 상하관계에 의한 분업 → 후발국에 기술이 정착 → 후발국이 자체 자본으로 생산/발전 → 후발국이 자체기술 개발/인건비 상승 → 발전한 후발국이 다른 후발국에서 낡은 기술의 상품을 생산 → …

※ 기술력이 분업에 의한 국제적인 상하관계를 고정되기 쉽다.

개혁과 신용창조의 주역 〈기업가〉

■ 조지프 슘페터(JosephAlois Schumpeter) (1883~1950)

오스트리아 출신의 경제학자.

「경제발전의 이론(Theorie der wirtschaftlichen Entwicklung)」 (1912)

「경기순환론(Business Cycle)」 (2vols., 1939)

혁신기업가의 행동 즉 혁신(innovation) (= 창조적 파괴)이 경제적 균형을 파괴하여 새로운 균형을 회복하는 과정이 경제구도의 변동과 성장을 이룩한다고 주장.
(케인즈와 동세대로 라이벌적인 학자로 지목되는 경우도 있다)

슘페터의 혁신(innovation)

1. 새로운 재화(財貨)의 생산
2. 새로운 생산방식의 도입
3. 새로운 판매 거래처의 개척
4. 원료 또는 반제품의 새로운 공급원의 획득
5. 새로운 조직의 실현 (독점의 형성이나 그 타파)

※ innovation은 기술혁신으로 번역되는 경우가 있으나 원래 기술만이 아닌 경제적 활동 전체에 걸친 새로운 시도나 개선을 말한다.

※ 화폐는 경제규모에 관련해도 구조를 바꾸지는 않고(화폐의 중립성), 구조를 바꾸는 것은 새로운 기술과 기업가에 의한 혁신.

경제성장의 감속

■ 장기침체론

로런스 서머스(하버드대 교수, 전 미국제무장간)가 2013년 11월의 IMF회의 석상에서 리만사태(2008) 이후 세계적으로 경제발전이 감속되어 있다고 주장. 미국, 유럽, 일본 등의 투자자/금융관계자에게 큰 충격을 준다.

→ 발언에 대한 평가는 아직까지 찬반이 있지만 그만큼 경기침체가 세계적으로 심각하다는 인식은 공유되어 있다.

세계의 실질경제성장률 : 10년대에 들어서 신흥국/후발국의 성장이 감속

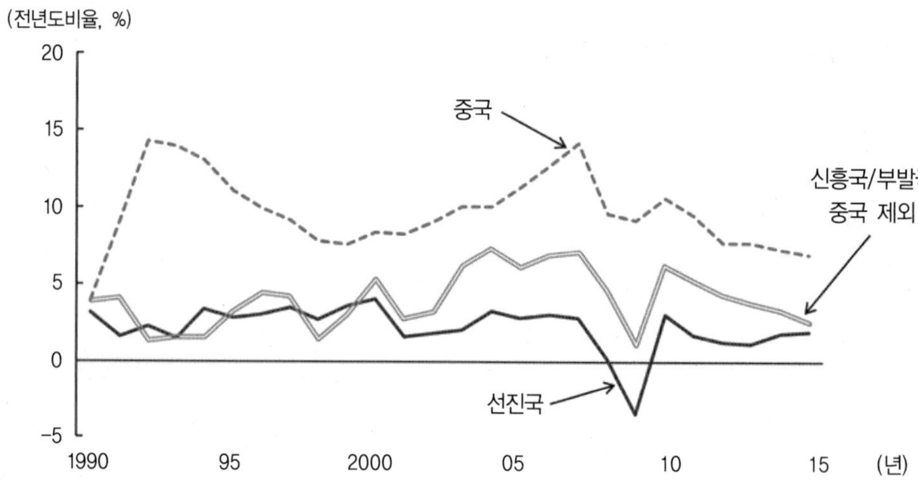

출처 : 일본 내각부 보고서 "世界経済の潮流 I (2016)"

※ 많은 경제학자들이 자본주의의 문제점을 지적하면서 유사한 발언을 하고 있다.

■ 케인즈「자본주의의 발전에 따라 욕망은 포화되어, 질이 좋은 투자기회가 고갈해 수익률이 저하하여 장기침체에 이른다.」(고로 수요창출이 필요하다)

■ 슘페터「자본주의의 발전에 따라 합리주의·관료주의가 만연되어 기업가정신의

쇠퇴, 기업가의 몰락을 초래해 “자본주의는 성공함으로 살아남지 못하게 된다.”」
(고로 혁신을 주도하여 투자기회를 발굴하는 기업가의 역할이 중요하다)

경제성장의 감속과 빈부격차

- 빈부격차 자체는 계속 있어온 문제이지만 성장감속이 격차의 문제점을 부각시킨다.
  경제성장이 감속되면 나눠지는 사회의 파이가 한정되어 승자의 이득이 바로 패자의 손실이 되기 때문에 반부 간의 대립이 깊어질 수밖에 없다(게임이론의 제로섬게임)

8. 빈부격차

토마 피케티의 『21세기의 자본』

- 토마 피케티(Thomas Piketty)(1971～)
  프랑스의 경제학자
  『21세기의 자본』(Le Capital au XXIe siècle) (2013)
  피케티의 저서 『21세기의 자본』은 경제학의 이론서가 아니라 과거 200년 이상의 경제 데이터를 분석한 것이다.

- 평균적으로 자본수익률은 연5%정도이지만 경제성장률은 1～2% 로, 자본가의 자산에 의한 수익은 전체의 성장률보다 높으니 빈부 격차는 앞으로도 계속 늘어나기만 한다.

- 해결책으로 높은 누진재산세와 누진소득세의 조합. 그리고 재산의 해외 피난(세율이 낮은 해외(tax haven)로의 이주, 기업의 등록지의 서류상 이동 등)을 막기 위한 국가 간의 국제협정이 맺어져야 하는데 그런 세계적인 과세제도의 실현가능성은 희박하다.

→ 오늘날의 세계경제는 대부분이 부(富)의 상속에 의한 부유층이 지배하는 "세습제 자본주의"가 되어 있고, 세계는 소수의 지배자를 위한 것으로 되어갈 것.

2014.12 OECD(경제협력개발기구) 보고서『격차와 성장』

격차가 실질적으로 경제발전에 악영향을 주고 있다.

- http://www.oecd.org/els/soc/Focus-Inequality-and-Growth-2014.pdf (영어)
- http://www.oecd.org/els/soc/Focus-Inequality-and-Growth-JPN-2014.pdf (일어)

- 부유층과 빈곤층의 격차는 이미 대부분의 OECD회원국에서 **지난 30년간 최대가 되어 있다.**
- 이러한 소득격차의 확대는 **경제성장을 크게 억제하고 있다.**
- 소득격차의 전반적인 확대는 1%의 초부유층이 견인하고 있는데, 성장에 있어 가장 중요한 것은 **뒤처진 저소득세대**이다.

소득 불평등이 각국 경제성장에 미친 악영향

(단위 : %)

※ 소득 불평등 심화 측정 기간(1985~2005년) ※ 누적 성장률 측정 기간(1990~2010년)

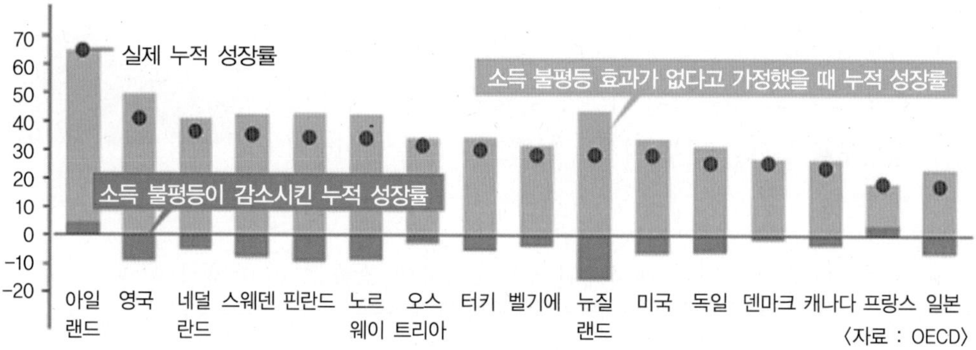

〈자료 : OECD〉

2015.6 IMF(세계통화기금) 보고서 『소득 불균형의 원인과 결과』

"Causes and Consequences of Income Inequality : A Global Perspective"

https://www.imf.org/external/pubs/ft/sdn/2015/sdn1513.pdf (영어)

- 150여개국의 사례 분석의 결과, 상위 20% 계층의 소득이 1% 포인트 증가하면, 이후 5년의 성장이 연평균 0.08% 포인트 감소하고, 하위 20%의 소득이 1% 포인트 늘어나면 그 기간에 연평균 성장이 0.38% 포인트 증가한다.

→ 낙수효과는 부정되고 빈부격차가 경제성장의 장애물인 곳이 밝혀졌는데 해결책이 없는 현황.

출처 : LEFT WING UK facebook 페이지
https://www.facebook.com/Left-Wing-UK-414021102034635/

낙수효과의 실제

국가의 경기부양 정책 복습

1. 케인즈의 정책 이름은?

2. 케인즈 혁명(ケインズ革命(かくめい))으로 케인즈가 강하게 주장한 고용을 창출/경기부양을 위한 방법은?
( )으로 ( )를 하는 것.

3. 2.는 구체적으로 어떤 일이 있나요?

4. 케인즈 정책이 파급된 이유 중 하나 : ( )에 대해 고전파 경제학이 답을 찾지 못했기 때문에.

5. 케인즈 정책이 파급된 이유 중 또 하나 : 세계공황(1929) 때 민간 경제에 대한 정부의 간접을 자제한 ( )의 정책에 대한 불만

6. 케인즈 경제학에서 정부나 기업 등의 투자가 산출하는 경제적인 효과의 비율은?

7. 6.이 크게 효과를 보려면 ( )이 커야 한다.

8. 국민전체의 6.을 올리기 휘해 소득에 따라 세율을 달리하는 세제는?

9. 이자율을 인의적로 내리면 국민의 소득이 투자(소비)로 이어지는 이유는?
(의 성향에 따라 이자보다 큰 이득을 얻으려고 하기 때문에)

10. 케인즈 정책의 오산 3가지

- 사람들은 9. 때문에 경기가 불안한 상태로는 소비를 피하고 저축을 선택할 수가 있음
- 정부(정치가들)은 불필요한 ( )를 멈추지 못 함
- ( )에 의한 부작용

11. 공공투자(정부)보다 금융정책(중앙은행)의 역할이 중요하다고 주장하고 71년에 노벨경제학상을 수상한 경제학자의 이름은?

12. 11.과 같이 경제정책에는 시장의 통화량이 중요하다고 하는 입장을 ( ) 주의자라고 한다.

13. 11.의 통화 공급량이 장기적으로는 실물경제에 영향을 주지 못 하는 것을 뭐라고 하나요?

14. 11.와 같은 국민의 자유를 중시하는 입장을 ( )주의라고 한다.

15. 11.의 영향을 받아 작은 정부를 표방한 정권에는 어느 나라의 어떤 정권이 있나요?(3개)

1.
2.
3.

16. 대표적인 예로 미국 레이건 정권 때의 레이거노믹스 등이 기본적으로 가지고 있는 사고방식으로 부유층이 얻은 경제적 이익이 결과적으로 가난한 자에게도 돌아간다는 생각하는, 2015년에 IMF보고서로 부정된 사고를 ( ) 라고 한다.

17. 자유무역을 추진하는 것이 결국 모든 사람에게 이익 된다는 무역의 이점을 주장한 사람은?

18. 17.이 주장한 생산량이 서로 다른 나라끼리는 분업을 하면 전체 생산량을 더 늘릴 수가 있다는 주장을 뭐라고 하나요?

19. 경제발전에 있어서 기업가의 역할을 강조한 사람은 (   )(이)고, 그가 주장한 기업가가 경제발전에 결정적으로 기여하는 행동을 (   )(이)라고 한다.

20. 전미국제무장관인 로런스 서머즈가 주장한 리만사태이후 세계경제는 감속하고 있다는 주앙을 (   )(이)라고 한다.

21. 2013년에 저서 『21세기의 자본』로 200년 이상의 경제 데이터를 분석하고 세계의 빈부격차는 계속 늘어나고 있고, 그것이 지금 제일 큰 경제적 문제가 되어 있다고 주장한 사람은 (   )이다.

5. 전후 일본경제사1

5,6장에서는 2차 세계대전 이후의 일본경제사에 대해서 알아본다. 먼저 5장에서는 제2차 세계대전 이전부터 전후부흥기로 불리는 1945~1955년까지를 배운다.

1. 2차 대전 이전과 이후

근대 일본의 시대 구분

명치시대(1868～1912), 대조시대(1912～1926), 소화시대(1926～1989)

2차 대전 이전의 일본경제

: 부국강병(富国強兵), 식산흥업(殖産興業)

- 1868년 이후 **경공업 중심**으로 공업화(견지(絹糸), 성냥, 전구 등)

  → 에도시대의 부호들을 중심으로 **재벌[1]가**들(三井, 三菱, 住友, 安田 등)이 탄생

(왼쪽에서 미쓰비시, 미쓰이, 스미토모)

재벌가의 가문

- 1900년대 중공업 시작했지만 발전되지 않아 수입초과
- 청일전쟁(日清戦争1894～95), 러일전쟁(日露戦争1904～05)으로 국가 대외채무 팽창
- 1차 대전의 군수(軍需 : 군으로부터 들어오는 수요)로 호환, **중공업**으로 전환(외수 의주로 발전)

  → 1차 대전이 끝나고 다시 불황으로(전후공황)

---

1 재벌(財閥) : 가족, 일족이 출자한 모회사(지주회사 持株会社)가 다양한 업종의 기업들(자회사)의 주식을 소유, 지배하는 기업집단. 자회사들은 각 산업으로 과점적 지위를 차지

■ 1923년 관동대지진(関東大震災)

■ 1930년 쇼와공황(昭和恐慌, 세계공황의 영향)

→ 금본위제도 복귀, 재정정책으로 회복

(→ 국가에 의한 **경제통제**가 시작)

- 1930년의 산업구조 : 1차산업 47%, 2차산업 20%, 3차산업 30%.
  취업인구 2,900만명 중 1,370만명이 농업종사자(가난한 **농업국가**)

■ 1930년 소화농업공황(昭和農業恐慌)

당시의 농업 : 70%가 산지로 평지가 좁은 일본국토

농민은 대부분이 소작인(小作人 자신이 소유하는 땅이 없고, 지주(地主)로부터 경지(小作地)를 빌려서 농사를 하는 농민). 소작인과 지주가 종종 대립

일본	내지	0.45
	조선	0.57
	대만	0.31
영국		3.9
프랑스		2.7
독일		2.1
이탈리아		1.3
네덜란드		1.4
미국		12.8
인도		1.2

1931년 당시 일본국민 한 사람당 경지면적 (단위 ha)

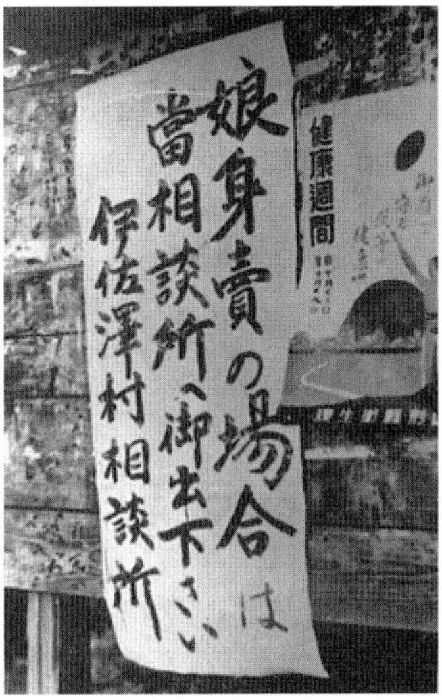

인신매매알선 포스터(1930경)

미야기(宮城)현 소작인들의 시위 (1930)

2.26사건 쿠데타군의 모습

■ 1936년 2.26사건 : 경제통제로 일본을 군대를 중심으로 한 국가(고도국방국가(高度国防国家))로 만들려고 하는 육군 중앙부와 특권 계급을 제거하여 천황을 중심으로 한 평등한 국가로의 혁신을 시도한 육군개혁파의 청년장교들이 대립. 개혁파가 쿠데타를 일으켜 수상/ 육군대장 등을 습격, 3일 만에 제압된 사건.(쇼와유신(昭和維新))

※ 경제적 징병제 : 국가가 징병을 의무화 하지 않아도 가난한 국민이 생계수단으로 스스로 군대에 입대하기를 선택하게 하는 것

※ 2.26사건에 가담한 군인들에게는 동북지방 등 가난한 지역의 출신자들이 많았다.

■ 중일전쟁(日中戦争(ちゅうにちせんそう)1937~39)으로 경제를 국가 관리
→ 공업국가로 발전을 기도

■ 2차 대전(1941~45)으로 **국가통제경제** 완성(시장경제를 포기)

※ 재벌에 의한 경제 지배 : 자유경쟁이 이루어지지 않고 내수가 확대되지 않아 만성적으로 실업자들이 존재

→ 다수의 국민이 개척자로 해외(만주, 동남아, 브라질, 하와이 등), 국내(北海道) 등에 이주

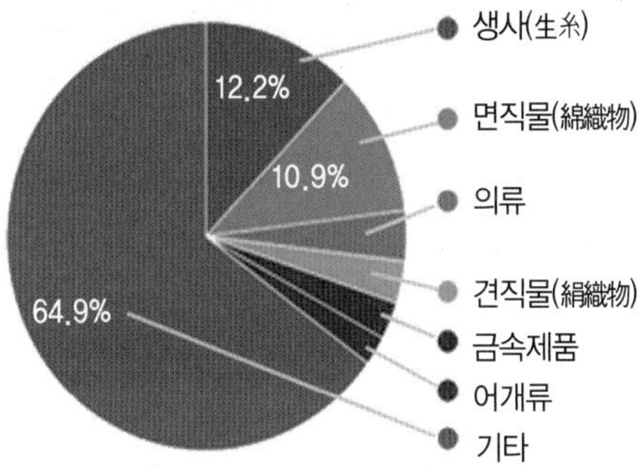

1940년 일본의 수출품목

출처 : 財務省『外国貿易月表』

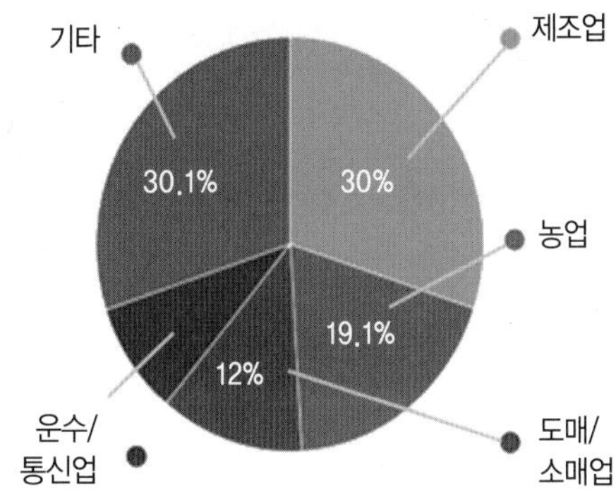

1940년 일본의 경제활동별 국민소득

출처 : 内閣府『国民所得白書』

※ 제국주의 : 국가와 하나가 된 대규모 대량생산을 하는 자본이 저렴한 노동력과 판매시장의 확보를 목적으로 해외로 판도를 확장

정부·군부가 타국을 침략/식민지화 → 재벌을 중심으로 한 기업들이 식민지에 침출 → 공장 설립, 현지인을 열악한 환경에서 노동 → 막대한 이익 획득 → 군수공장 확장, 전쟁추진의 경제적 기반

2차 대전 직후

- 국가 경제에 심각한 타격(자본, 인프라, 인적 피해)
  명목GDP 201,766만$(1940) → 98,711만$(1945), 국부의 4분의 1을 상실
- 대량의 직업군인이 실업(퇴직금을 받아도 시장이 괴멸상태)
  → 물가상승
- 의식주가 문제(섬유산업에 타격, 출생률 급증 → 식량난, 주택난)

2. 전후부흥기(1945～1955)

1945.8～1952.4 GHQ(General Headquarters, 연합군최고사령관 총사령부)에 의한 간접 통치(최고사령관 맥아더(MacArthur, Douglas))

맥아더 총사령관

■ GHQ의 일본개혁(전쟁을 못하는 나라, 민주화)
일본국헌법 제정(1947 시행)

일본국헌법 9조 전쟁포기

"일본국민은 정의와 질서를 기조로 하는 국제평화를 성실하게 희구(希求)하고, 국제분쟁을 해결하기 위한 수단으로서 국권(国権)의 발동인 전쟁과 무력에 의한 위협 또는 무력행사는 영구(永久)적으로 포기한다.

2 전항의 목적을 달성하기 위해, 육해공군 기타 전력을 보지하지 않기로 한다. 국가의 교전권은 인정하지 않다."

(日本国民は、正義と秩序を基調とする国際平和を誠実に希求し、国権の発動たる戦争と、武力による威嚇又は武力の行使は、国際紛争を解決する手段としては、永久にこれを放棄する。

2 前項の目的を達するため、陸海空軍その他の戦力は、これを保持しない。国の交戦権は、これを認めない。)

GHQ의 경제민주화 정책(재벌 해체, 농지개혁, 노동3권 확립)

① 재벌 해체

목적 · 전쟁을 추진한 경제기반 제거
· 시장을 독점하는 대기업을 없애고 시장을 민주화

- 지주회사가 소유하는 유가증권, 모든 기업에 대한 소유권·관리·이권을 증명하는 서류들을 일본정부가 설치하는 기관에 이관
- 이관한 재산에 대한 변제는 10년간 양도·관금을 금지한 등록국채로 지불
- 三井, 岩崎(いわさき)(三菱), 住友, 安田 4가의 구성원, 지주화사 경영자·감사들을 경제계에서

추방(재계추방(財界追放))

- 지주회사는 산하기업에 대한 지시·관리권의 행사를 금지
  → 모회사의 자회사에 대한 영향력과 서로의 관계를 없앤다.

※ 4대 재벌의 성격

- 미쓰이(三井) : 1600년대 중반에 창업된 에도시대부터의 부호. 에도막부의 정식 거래처로 발전하여 메이지정부의 자금을 유통. 동족경영의 성격이 약하고 유용한 인재를 채용하는 경영방침.(사람의 미쓰이 人の三井, 番頭経営)
- 미쓰비시(三菱) : 에도시대 말기에 도사번(土佐藩) 경영의 해운업자가 명치유신 후에 개인 업체로 독립해서 시작. 창업자인 이와사키야타로(岩崎弥太郎)의 일족에 의한 동족경영. (독재적 경영, 三菱の独裁経営)
- 스미토모(住友) : 미쓰이와 같이 에도시대부터의 부호로 1500년대 후반에 창업된 제일 오래된 재벌가. 독자적인 규칙(家法)에 의한 규칙적인 경영 방침으로 인한 강한 조직이 특징. (조직의 스미토모, 組織の住友, 住友の法治主義)
- 야스다(安田) : 1860년대에 창업. 금융업 중심으로 상대적으로 역사가 짧은 재벌.

→ GHQ는 재벌들에게 자주적인 해체를 강요. 일부 재벌들이 강하게 반발

- 미국의 이해 : 재벌들은 군재와 결탁해서 전쟁을 시작하여 자신들의 이득을 챙긴 범죄자
- 재벌들의 생각 : 군의 강요를 이기지 못해 어쩔 수 없이 협조.
  재벌들은 명치정부보다 오래된 역사를 가진 전통적인 존재로 군의 도움을 받아서 발전한 게 아니라 군인들이 자신들의 도움을 받아왔다.
  → 결국 해체시켰으나 정치 권력자들과의 관계는 남았다.
  → 미국의 점령이 끝난 후에 다시 복권(재벌 이름이 부활)

② 농지개력

목적　· 가난한 농민들의 지위향양

　　　· 식량 공급량의 증가

- 부재지주(不在地主 그 지역에 살지 않고 땅만 소유하는 지주)로 부터는 강제적으로 땅을 매수, 소작농민들에게 안가로 매도
- 재촌지주(在村地主 그 지역에 살고 자신들도 농사를 하는 지주)는 3,000평(약 9,917㎡)까지 소유를 허가, 나머지는 소작인에게 매도(농민들에게 인센티브 부여)
- 1947~1950년에 실시 : 소작지(1945.11기준)의 80%가 매도, 전체 농지 중 소작지의 비율이 46% → 10% 반 이상이 소작지인 소작농가 50% → 1%

- 개혁 이전의 농민들은 대부분이 소작인(小作人 자신이 소유하는 땅이 없고, 지주(地主)로부터 경지(小作地)를 빌려서 농사를 하는 농민).

  수확의 50%정도를 지주에게 지출 → 소작인과 지주가 종종 대립

- 미국의 이해 : 소작인은 노예, 지주는 노예의 주인
- 지주들의 주장 : 소작인들의 생활을 보장(회사와 회사직원 같은 관계)
- 대부분의 농민들 : 지주에게 지출하는 수확의 비율에 불만은 있으나 농지를 살 생각까지는 안한다.

  → 농민과 지주의 관계에는 주종(主從)적 측면과 공동체적 측면이 혼재

③ 노동3권 확립

목적　· 금지된 노동조합의 조직을 장려

　　　· 단결권, 단체교섭권, 단체행동권(쟁의권)을 확립, 노동자의 지위 향상

　　　　→ 임금인상으로 국내의 수요/시장을 확대

- GHQ의 딜레마 : 민주화는 원칙이지만 일본/조선반도를 최전선에서 공산주의 국가들(소련, 중국)과 맞서야 한다(맥아더는 강력한 반공주의자).

- 일본의 민주화 운동의 중심인물들은 대부분이 공사주의/사회주의자 출신(도쿠다큐이치(徳田球一), 노사카산조(野坂参三) 등 공산당원들)
- 급격한 인플레이션으로 서민들의 심한 생활고/많은 사망자들

→ 노동운동을 장려하면서 공산주의/사회주의자들의 활동을 제한하는 모순된 태도

※ 노동조합 주도로 1947.2.1.에 예정된 총파업(ゼネスト)의 중지명령

일본정부의 경제정책

① 예금봉쇄(預金封鎖[よきんふうさ])와 신엔교환(新円切替[しんえんきりかえ])

■ 인플레이션 대책

· 시장 붕괴로 물자(상품)부족

· 군인, 해외이주자들이 귀국

(중국 104만, 동남아 79만, 소련 45만, 합계 약 310만 명)

· 퇴직금으로 대량의 통화가 유통

→ 심각한 인플레이션

→ 통화량을 줄이기 위해 예금봉쇄

1946년부터 예전의 지폐를 못 쓰게 되니 예금하도록 공시/지시

예금 중 인출할 수 있는 액수를 제한

(한 달에 세대주 300엔, 가족 한 사람당 100엔만 인출가능)

→ 인출되는 지폐는 모두 새 지폐로 하고, 예전 지폐는 쓸 수 없게 했다.

■ 재산세 과세를 위한 국민 재산 파악

· 2차대전 말기에 군이 자금마련을 위해 국채발급

→ 전후에 상환해야 하지만 정부자금이 부족

→ 국민 재산에 대한 재산세 과세(최고 90%)로 해결하려고 계획

→ 국민의 재산을 파악해야 한다.

→ 예금봉쇄로 재산 파악

② 경사생산방식(傾斜生産方式) 1947년~

· 발전소 정비, 전력공급이 급선무 → 화력발전을 위한 석탄이 필요 → 전국의 탄광은 전쟁 중의 황폐, 정비가 필요 → 철강으로 보수

· 한정된 자금을 산업의 기초가 되는 에너지와 건설자재 확보를 위해 석탄광업과 철강업에 집중 → 파급효과로 섬유산업, 식품산업의 설비확대

1950년 6·25전쟁(1950~53)으로 인한 군수 특수

· 6·25발발 → 주일 미군 7만5천명 급파 → 군용물자를 일본에서 생산, 공급 → 일본 경제 발전의 큰 계기로(조선특수, 朝鮮特需)

※ 한반도 파병으로 주일 미군 부재

→ GHQ가 일본정부에게 지안유지와 소련침공을 대비하기 위해 경찰예비대(警察予備隊) 창설을 지시(1950) → 지원자 모집. 7만5천명으로 시작

→ 1952 경찰예비대가 보안대(保安隊)로, 해상경비대(海上警備隊) 창설

→ 1954 보안대와 해상경비대를 재편, 자위대(自衛隊) 발족

■ 샌프란시스코 강화조약(サンフランシスコ講和条約)으로 GHQ 점령 종결

· 1951.9 샌프란시스코 강화조약 채결

· 1952.4 샌프란시스코 강화조약 실행(일본 주권회복)

고도성장기의 시작 : 진무경기(神武景気[2])

■ 조선특수의 영향으로 일본의 경제규모가 대폭 확대하면서 1954.12부터 57.6까지 폭발적인 호황기가 도래

[2] 일본신화에서 일본을 건국한 진무(神武)천황의 시대 이래의 호황이라는 뜻

전후 일본경제사1 복습

2차 대전까지

1. 2차 대전 전의 일본경제의 2가지 방침은?

   1.

   2.

2. 일본의 초기 공업화의 중심이었던 경공업에는 어떤 것이 있을까요?

3. 일본의 대표적인 재벌가 4개는?

   (　　　　　　,　　　　　　,　　　　　　,　　　　　　)

4. 일본의 공업이 경공업으로부터 중공업으로 전환한 계기가 된 사건은?

5. 1930년 일본의 중심 산업은?

6. 그 당시 대부분의 농민들은 어떤 형태로 농업을 하고 있었고, 그런 농민들을 뭐라고 하나요?

7. 재벌에 의한 경제 지배의 문제점은? (2가지)

   · (　　　　　　)으로 경쟁이 이루어지지 않아 가격/품질면의 경쟁력이 저하

   · 고가의 상품/안가의 노동자 선호로 (　　　　　　)이/가 미발달

2차 대전 직후

1. 전후부흥기(1945~1955)의 일본을 간접통치한 조직과 그 최고 책임자는?

(,)

2. 1.의 조직이 실시한 일본개혁의 2가지 기본방침은?

(,)

3. 2.의 목적을 달성하기 위한 기본적인 규정으로 정해진 것은?

4. 1.의 조직이 실시한 경제 정책 3가지는?

(, ,)

5. 4.과 평행해서 일본정부가 실시한 경제정책은? (2가지)

(,)

6. 1.에 의한 일본 점령기를 끝낸 조약 이름은?

7. 1954~57년의 일본경제의 호황기를 뭐라고 하나요? 그 계기가 된 역사적 사건은?

(,)

5. 전후 일본경제사2

고도성장기로 불리는

1945~1955년

그리고

고도성장 후의 조정기로 불리는

1974~1991년의

일본경제에 대해서 배운다.

1. 2차 대전 이전과 이후
2. 전후부흥기(1945~1955)
3. **고도성장기(1956~1973)**
4. **고도성장파탄 후의 조정기(1974~1991)**
5. 장기불황기(1991~)

3. 고도성장기(1956～1973)

"동양의 기적(東洋の奇跡, Japanese miracle)"

호황과 불황을 반복하면서 급속도로 경제가 성장한 시기

1950 조선특수(朝鮮特需)

1954 진무경기(神武景気)

1958 이와토경기(岩戸景気)

1962 올림픽경기(オリンピック景気)

1965 이자나기경기(いざなぎ景気)

전후 일본의 실질경제성장률의 추이

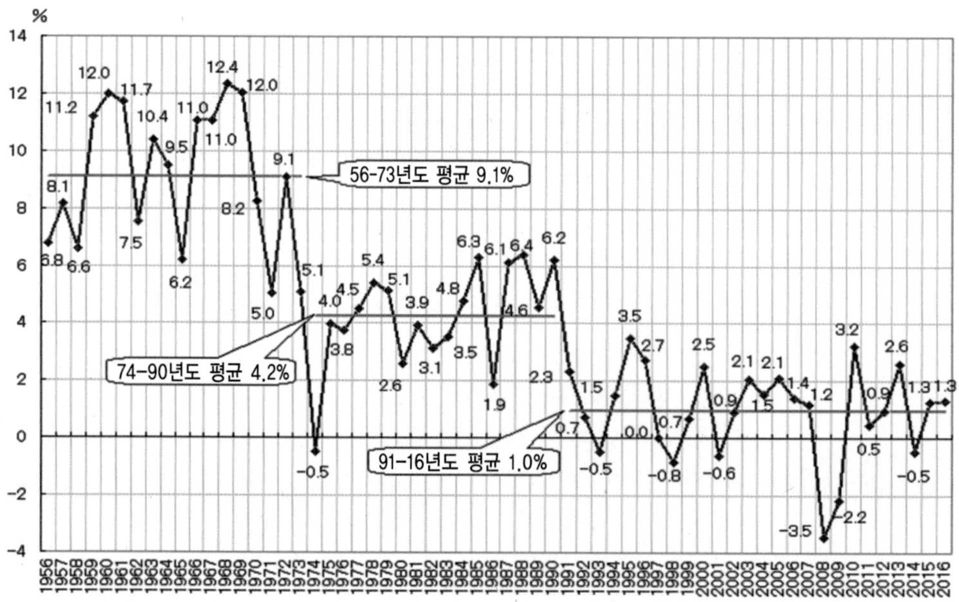

자료 : 內閣府SNA 사이트

국제사회에 복귀

- 1955　GATT(관세 및 무역에 관한 일반협정) 가입
- 1956　유엔 가입
- 1957~58　냉비바닥불황(なべ底不況)

조선특수(朝鮮特需)의 영향이 끝나고 불황과 동시에 국제수지의 악화

→ 수출이 감소해 기업이 만든 상품들이 팔리지 않아 불황으로 (데플레이션)

→ 일본정부는 수출의 감소와 설비투자를 위해 계속되는 수입이 원인으로 판단

→ 수입억제를 위해 정부가 1957년 3월과 5월에 공정이율(公定歩合[3]) 인상

→ 자금부족으로 산업의 업적 저하, 이익 감소(불황이 악화 = 정부 판단 오류)

(→ 기업의 고용이 늘어나면서 국내 소비가 증가, 서서히 회복)

- 1958~61 이와토경기(岩戸景気[4])

→ 정부가 공정이율을 인하(1958년 6월, 9월, 1959년 2월)

→ "투자가 투자를 부르다"는 시대

→ 외국자본유입이 급증(외화조달 12%)

소득배증개획(所得倍増計画)과 대규모 공공투자

1960 이케다하야토(池田勇人) 수상이 소득배증계획(국민 소득을 10년으로 2배로 한다는 계획)을 발표 (→ 1967년에 7년으로 달성)

"이제 전후가 아니다(もはや戦後ではない)"

---

3 일본은행이 은행에 대부할 때의 금리

4 진무경기(神武景気)를 웃도는 경기. 진무천황(神武天皇)보다 거슬러 올라가 "아마테라스대신(天照大神)이 하늘의 바위 문(天の岩戸)에 숨은 때 이래의 호황"이라는 뜻

■ 1961 농업기본법 : 기계화와 구조개혁으로 농업의 생산성과 농민 소득의 향상, 농공업간의 소득 격차 시정을 목표

→ 국내 쌀 생산량 급증으로 과잉생산의 원인
/기계화로 인한 노동량 축소로 겸업농가 급증

→ 저소득의 농민 중 농한기에만 도시로 나가서 일하는 노동자(出稼労働者[5])가 급증

(→ 농업 쇠퇴/식량자급률 저하/식량자급률 저하의 원인)

(→ 보수정권(자민당)이 지방의 농가를 중심으로 한 지지기반 확립)

■ 산업 인프라 정비

전국의 도로를 포장/고속도로 건설, 항만 정비, 공업용지 개발, 수도(水道)/발전(發電)시설 등 정비

- 메이신고속도로(名神高速道路)(1963～65 개통)
- 도메이고속도로(東名高速道路)(1968～69 개통)
- 주오고속도로(中央高速道路)(1969～82 개통)

■ 도카이도신칸센(東海道新幹線)(1964년 개통 도쿄ー오사카 간)

도쿄올림픽 개막에 맞추어서 세계은행의 융자를 받아 건설

■ 4대공업지대(게이힌(京浜), 주쿄(中京), 한신(阪神), 북규슈(北九州) 공업지대)에 대규모 투자

→ 고속도로를 중심으로 공업이 각 지방에 확산(공업단지 등)

5 일시적으로 타관에 가서 벌이를 하는 노동자

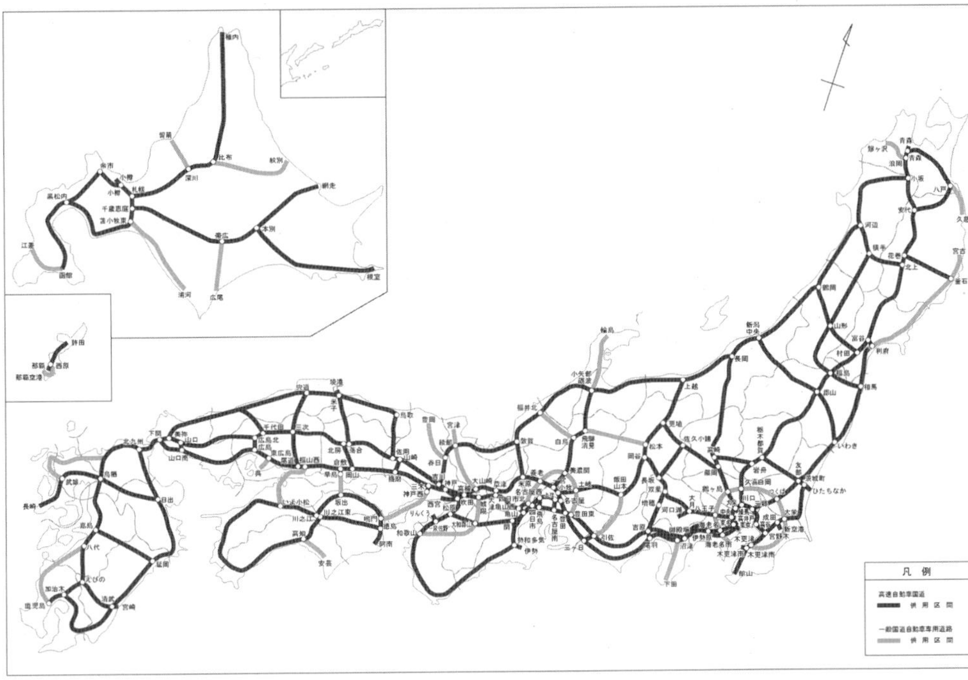

일본의 고속도로망(2017)

출처 : 일본 국토교통성 HP

日本の工業地域
일본의 공업지역

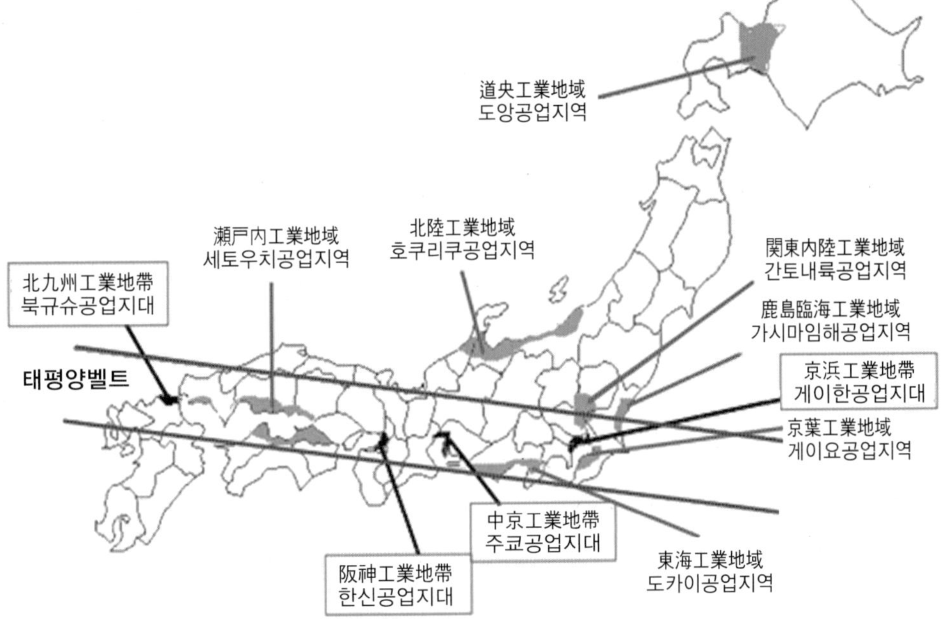

민간소비의 증가

- 젊은 샐러리맨, 노동자들의 수입이 급증
  → "중류의식(中流意識, 중산층의식)[6]" 확대

- 기업의 기술/관리/판매부문 확대 → 도시 노동자들이 증가
  → 중산층으로 대량소비를 하는 경제 견인의 주체가 되었다.

- 식량품/의류/생필품/화장품/의약품 등의 소매시장에 슈퍼마켓 등 대형점포가 등장

- 은행/우체국에 저축한 민간인들의 저축이 민간 기업에 자금으로 대출되는 간접금융방식이 정착

1950년대 후반　흑백TV, 세탁기, 냉장고(삼종의 신기(三種の神器))가 서민의 필수가전제품으로 부각

1953　NHK텔레비전 첫 방송

1959　황태자비 성혼 파레이드로 TV보급률이 증가

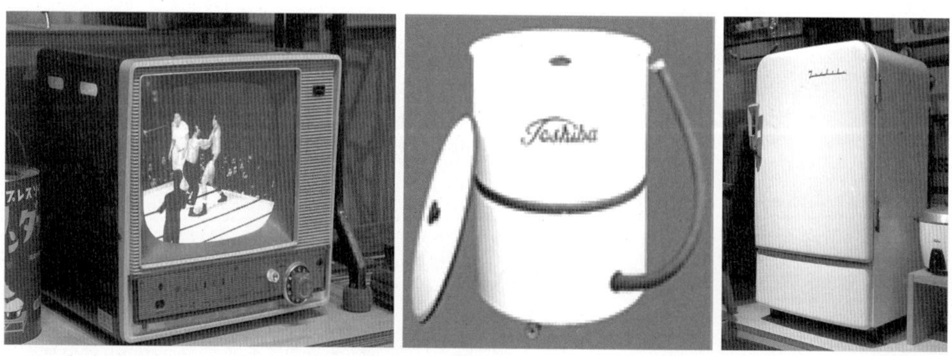

흑백TV, 세탁기, 냉장고(삼종의 신기)

[6] 일본 내각부가 1958년부터 연1회 실시하고 있는 "국민생활에 관한 세론조사"에서 자신의 생활수준을 "중류(중산층)"으로 생각하는 사람의 비율은 1958년에 70%를 넘어, 1960년대 중반에 80% 이상, 1970년 이후에는 약 90%가 되었다.(1979년의 "국민생활백서"는 일본 군민에게 중류의식(중산층의식)이 정착되었다고 평가)

1962~64 올림픽 경기(**オリンピック景**気) : 올림픽개막을 위한 준비

1964 도쿄 올림픽(칼라TV 보급률이 증가)

처음으로 건설국채 발행

OECD(경제협력개발기구) 가맹

IMF8조약[7]국으로 이행 → 수출증가

1965~70 이자나기경기(いざなぎ景気[8])

1960년대 중반 칼라TV(Color television), 에어콘(Cooler), 자동차(Car)의 3C(신 삼종의 신기(新三種の神器))로 부각

1960년대 후반 모터리제이션(자동차사회)의 도래

(이후 자동차 산업이 일본공업의 견인역할)

칼라TV, 에어콘, 자동차의 3C(신 삼종의 신기)

- 외국인 주식투자가 증가

→ 기업 매수를 박기 위해 관련기업 간에서 서로 주식을 소유

→ 은행을 중심으로 한 독점적인 대기업집단을 형성(**제2의 재벌**)

7 IMF(국제통화기금)협약의 8조가 규정하는 가맹국의 의무이행을 수락하는 것. 8조는 수입제한의 금지와 자유무역 실행을 위해 (1)지불제한 철폐(수입제한 완화), (2)차별적 통화조치의 회피(국가에 따라 차별적으로 무역하는 일을 폐지), (3)다른 가맹국이 보유하는 자국통화에 대한 교환성의 부여(다른 나라가 가진 통화를 보증)를 규정. 일본은 1964년4월에 14조국에서 8조국으로 이행.

8 진무경기(神武景気), 이와토경기(岩戸景気)를 웃도는 경기. 아마테라스대신(天照大神)보다 거슬러 올라가 "이자나기(いざなぎ)가 천지를 만든 이래의 호황"이라는 뜻

국제수지의 천장(国際収支の天井)를 돌파

※ 일본의 경제구조

원재료 수입

→ 가공해서 수출 (호황일수록 수출품을 만들기 위한 수입증가)

→ 원재료수입을 위해 필요한 달러가 증가

국내 호황으로 원재료 수입증가 → 국제수지 적자

→ 정부/일본은행의 외화준비[9]가 부족

→ 정부정책에 의한 금리인상으로 기업의 경제활동을 제한 (국제수지의 천장)

→ 계속되는 수출증가로 국제수지가 흑자로

→ 제한을 안 해도 충분한 외화준비를 확보

1968	**서독을 넘어서 GDP 세계 2위로**
(1970	오사카 엑스포)
1971	**닉슨쇼크/스미소니언 협정** → 변동환율제로(급속한 **엔고** 형상)→ 수출이 감소 → <u>민간 투자 저하</u>
(1972	삿포로 동계 올림픽)
(	오키나와가 일본영토로 반환)
1973	**오일쇼크**[10] → 중장기적인 전망이 불투명 → <u>민간 투자 저하</u>
1974	전후 처음으로 경제 성장률이 마이너스로 **(고도성장기의 끝)**
(1975	오키나와 해양 엑스포)

---

[9] 외화준비 : 환율의 안정과 외국에 지불하기 위한 외화의 준비

[10] 오일쇼크 : 제4차 중동전쟁의 영향으로 OPEC 등에 가입한 석유(원유)수출국들의 원유 값 인상이 석유수입국에 미친 경제적 영향.

일본 고도성장기의 성장요인과 문제점

■ 성장요인

- 왕성한 공공투자(인프라 정비)
- 가전제품(TV, 세탁기, 냉장고), 자동차 등 내구소비재의 수요급증과 그 생산 능력 확대를 위한 민간 설비투자

① 선진국에서 적극적으로 기술을 도입하고 기술/신제품 개발

② 노동자 한 사람당 임금수준의 향상

③ 지방에서 도시부로 대규모 인구 이동
(지방의 과소화/공동체의 해체, 소규모 핵가족이 증대)

■ 문제점

① 심각한 공해(미나마타병(水俣病[11]), 이타이이타이병(イタイイタイ病[12]) 등)

② 도시문제/지방의 과소화

③ 만성적인 인플레이션(선진국경제의 병)

4. 고도성장 후의 조정기(1974～1991)

1970년대 후반 : 스태그플레이션[13]의 극복

1973	오일쇼크(4차 중동전쟁에 의한 원유가격의 고등) →
1974년부터	스태그플레이션 → 정부는 금융규제와 적자국채 발행

---

11 유기(有機) 수은 중독에 의한 만성 신경 질환. 일본 규슈 구마모토현(熊本縣) 미나마타시(水俣市)의 해안에서 1953년경부터 오염된 어패류를 먹고 집단 발생한 공해병, 시야 협착(狹窄)·언어 장애·운동 장애 따위가 일어나고 심하면 사망한다.

12 기후현(岐阜県)의 광산(鉱山)에서 나온 폐수로 강의 하류에 살던 사람들 사이에 발생한 일본의 첫 공해병. 뼈가 극도로 약화되어 재채기가 나거나 의사가 맥박을 보려고 팔을 드는 등 몸을 조금만 움직여도 뼈가 부저지게 된다. 병명은 환자들이 "아프다 아파(いたい、いたい)"라고 울부짖은 것으로 명명.

13 불경기와 인플레이션이 동시에 일어나는 것.

1975 공공투자와 수출확대로 다시 안정적인 경제성장

1978 2차 오일쇼크

→ 공공투자와 기계산업의 설비투자로 극복

■ 1970년대 후반의 산업구조에 변화

: 소재형 중화학공업(철강, 합성수지, 비료, 합성섬유 등)에서 기술이 필요하고 부가가치가 높은 기계산업(자동차, 전기기계, 일반기계, 정밀기계 등)으로 전환

- 대표적 생산품 : 연비가 좋은 소형자동차, 컴퓨터수치제어의 공작 기계, 에너지 절약형 기계설비, 가전제품(트랜지스터 라디오, 칼라 TV, 워크맨, 비디오 등)

1980년대 전반 : 내수에서 수출로

■ 대미(対米) 수출의 증가(자동차, 비디오 등)

1980년 나카소네(中曽根)수상의 재정개혁(작은 정부)

→ 공공투자 감소 → 수출중심으로

→ 급속한 대미 흑자 증대로 무역마찰

→ 미국의 일제제품 불매운동 등 대일감정 악화

→ 미국정부가 관계 개선요구

→ 나카소네수상이 일본 국민에게 외국(미국)제품을 구매를 호소/미국의 금융기관 등 일본 참입/미국대학의 일본 캠퍼스 설치 추진 등

일본 무역액의 GDP비율

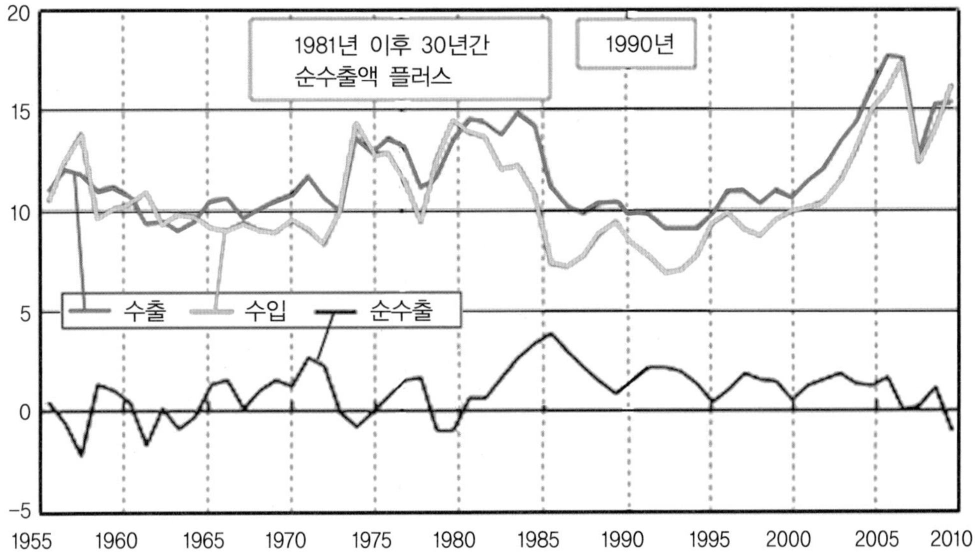

출처 : 일본 내각부 "국민경제통계"

미국의 무역적자 중 일본, 중국, 멕시코의 비율

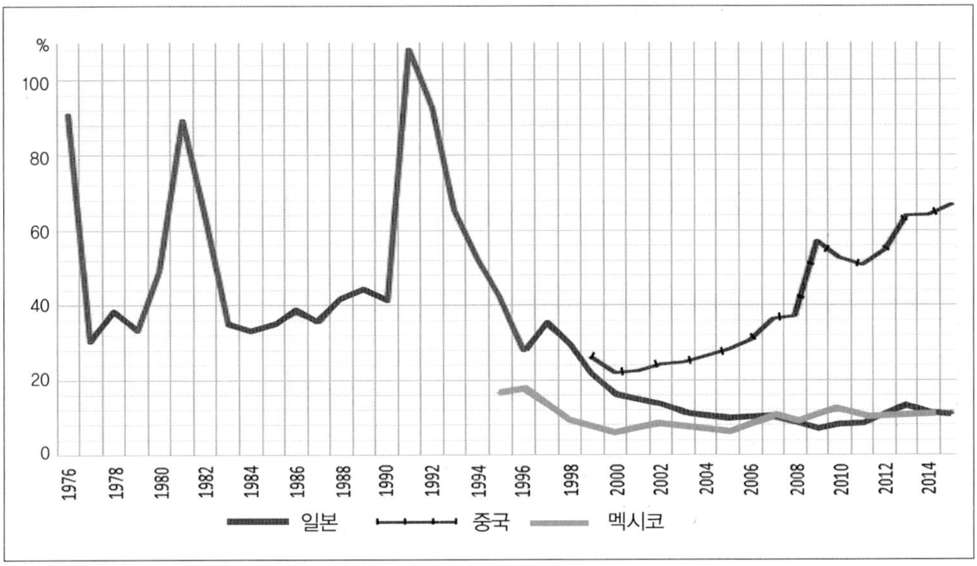

출처 : 立命館 大野威研究室HP

■ 일본식 경영, 일본경제의 평가가 고조

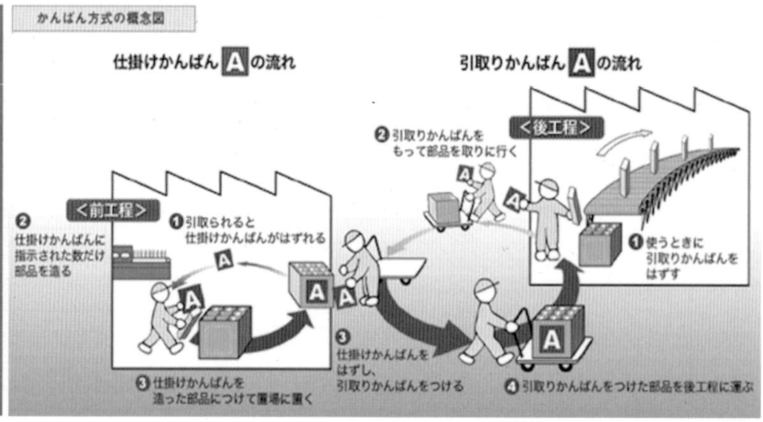

"JAPAN AS NO.1"(1979 Ezra Feivel Vogel)/토요타 간판생산방식 /연공서열, 종신고용 등 → 일본경제에 대한 자신감 고조

■ 1985. 9. **플라자 합의** : 미국의 쌍둥이 적자(제정적자, 무역적자)가 증가
→ 미국제품의 수출을 돕고, 기축통화인 미국 달러 폭락의 가능성을 막기 위해 G5(미국, 일본, 영국, 서독, 프랑스)의 경제담당자가 달러가치를 내리기 위한 합의
→ 각국이 다 같이 달러를 팔게 됨 → 달러 가치가 하락
(→ 엔고(￥240→86.1￥200) → 수출이 곤란, 해외 진출/현지생산 추진의 계기)

1980년대 후반 : 거품(버블)경기[14](バブル景気 1986.12~1991.2)

플라자 합의의 결과 → 엔고로 인한 불황 → 정부가 금리를 낮춰서 불황대책(통화량 증가) → 공전의 투자 붐으로(재태크(財テク)의 시작)

14 거품(버블)경기 : 과열된 투기열로 경제가 활성화되어 경기와 신용이 팽창한 상태. 투기열이 계속되지 않아 급속도로 경기와 신용이 축소되고 심각한 불황상태로 이어질 때가 많다. 거품(버블)이라는 말은 1720년에 영국에서 일어난 남해포말사건(South Sea Bubble)에 비롯된 것이고 그 외에도 1637년 네덜란드의 튤립 구근 버블, 1719년 프랑스의 미시시피계획 주식투기, 1840년대 영국의 철도회사주식 투기, 그리고 세계공황의 계기가 된 1920년대 후반 미국의 주식투기 붐 등이 있다.

■ 해외

- 1987 야스다 해상화재보험(安田海上火災)가 고흐의 "해바라기" 매입(57억엔)
- 1989 미쓰비시 지소(三菱地所)가 미국 록펠러 센터 매입
- 1989 소니가 컬럼비아 빅처즈(영화사) 매입 → 소니 픽처즈로
- 해외여행과 명품 붐

■ 일본 국내

- 땅 투기 붐[15] → 땅 값/주택 값이 고등(재개발(地上げ))
- 주식 투자 붐
  ※ 1987년 NTT주식 상장(일본전신전화공사가 민영화)
  87.2.6 ¥160만 → 4.22 ¥318만
- 리조트 시설, 골프장 건설 붐

- 개인 → 자산을 늘리기 위해 부동산/주식에 투자
  → 개인투자가가 주식/사채(社債)[16]로 투자
  → 개인이 가진 자산가치가 상승해서 소비가 증대(자산효과[17])

- 기업 → 은행대출을 받지 않아도 주식/사채 발행으로 자금 조달
  → 세금대책으로 이익을 경비로 처리
  → 접대, 광고비, 설비구입 등 낭비

---

15 투기에 배경에는 "땅값 신화"(땅이 좁아 개발할 수 있는 땅에 한계가 있는 일본에서는 땅값은 항상 오르게 되어 있다는 고정관념)가 일반화 되어 있었다.

16 이 때 투기 붐에 박차를 가한 상품에 전환사채와 신주인수권부사채가 있다. 전환사채(CB, Convertible Bond)는 주식으로 전환할 수 있는 권리가 부여된 사채, 신주인수권부사채(BW, Bond with Warrant)는 미리 약정된 가격으로 신주의 교부를 청구할 수 있는 권리가 부여된 사채. 사채의 발행 기업의 경영성적에 따라 사채이자와 주식의 배당 중 유리한 쪽의 이익을 선택 할 수 있다(한번 전환 또는 신주발급을 받으면 다시 사채로 올릴 수는 없다).

17 자산효과 : 소유한 자산의 가치가 상승해서 실제로 매매 등을 통해 자금이 들어온 것이 아니지만 소비성향이 늘어나는 일.

- 은행 → 예금은 늘어나는데 대출 받을 기업이 감소 →
  기업의 장래성 평가보다 땅(담보)값이 오른다는 것을 전재로 대출/일반 땅 소유자에게 아파트나 맨션 등의 건설을 제안
  → 일본은행은 땅값 등의 폭등 억제를 위해 **〈금리인상〉을 계획**

- 1987.2. **루브르 합의**
  : 달러 가치가 하락해도 수출이 호전되지 않은 미국이 다시 달러가치를 올리기를 원해, 각국의 금리를 내림으로 달러수요를 올리기로 한 합의
  → 일본은 **금리를 인상하지 못하고 더 내리게 된다.**

- 1987.10.29. **블랙 먼데이** : 미국 주식시장 폭락
  미국 투자자들이 <일본과 서독의 금리 인상 → 다른 투자자들이 엔과 마르크를 사기 위해 미국의 주식을 팔 것>을 예상
  → 미국 주식 값이 폭락되기 전에 먼저 자신이 주식을 팔기 시작
  → 실제로 주식 폴락
  → 일본이 금리를 인상하면 미국 주식의 더욱 폭락하기 때문에 다시 **금리인상을 못하게 된다.**

  → 계속해서 일본의 땅/부동산 값이 폭등
  (도쿄23구의 땅값 합계가 미국 전토의 땅값과 거의 같다)

1990년대 초 : 거품경기 붕괴

- 1989.5부터 **금리(공정이율(公定歩合)) 인상.** 이후 1년3개월간에 5번 인상 → 2.5%에서 6%
- 1990.3. 대장성(大蔵省, 현 재무성, 금융청)이 **총량규제**(総量規制 : 부동산업에 대한 대출을 규제)
- 1991.5. **지가세**(地価税 : 땅 상속세평가액에 0.3% 과세) 도입

→ 땅을 사는 자금과 사람이 감소 → 땅값이 폭락
→ 개인/기업의 자산가치가 폭락

→ 은행 대출이 회수불가능(불량채권으로)

→ 은행 등 금융기관이 파탄/부도

→ 은행끼리 의심하고 자금의 흐름이 멈추기 시작

→ 장기 불황기에 돌입

닛케이(日経) 평균 주가의 추이

정리(표 참조)

- 고도성장기(1956~1973) **내수중심**으로 발전

  1956~59 성장률이 7.65%. **민간 투자/소비**로 발전

  1960~73 성장률이 9.70%로 최대. **민간의 투자/소비**와 **공공투자**로 발전

- 고도성장 후의 조정기(1974~1991) **수출**의 비중이 증대

  1974~85 성장률 3.40%. 민간투자 급락. **수출이 증대**

  1986~91 성장률 4.50%. **민간설비 투자** 중심으로 회복. 수출 감소

실질GDP 증가율과 수요항목별 기여도

	민간최종 소비지출	민간주택 투자	민간기업 설비투자	민간재고품 증가	공적수요	재화/ 서비스의 순수출	국민총지출 (GDP)
1956~1959	5.13	0.38	1.20	0.28	0.88	-0.18	7.65
1960~1973	5.53	0.91	1.70	0.16	1.70	-0.29	9.70
1974~1985	1.97	-0.08	0.46	-0.06	0.47	0.64	3.40
1986~1991	2.42	0.35	1.58	0.08	0.48	-0.38	4.50
1992~1998	0.84	-0.13	-0.17	-0.11	0.51	0.16	1.09

출처 : 本田豊 외(2007)

전후 일본경제사2 복습

1. 일본경제의 고도성장기는 언제부터 언제까지인가요?

(년 ~ 년)

2. 1957~58년의 불황기와 1958~61년의 호황기 이름은?

(,)

3. 1960년에 일본수상이 발표한 경제 계획은? 그 수상 이름은?

(,)

4. 3의 계획의 목표는 달성됐나요? 달성됐다면 몇 년 만에?

5. 1961년에 농업의 생산성과 농민 소득의 향상을 위해 실시된 법은? 그 결과 어떤 형상이 일어났나요?

(,)

6. 60년대에 일본정부가 실시한 사회/산업 인프라 정비 중 대표적인 것은?

7. 이 시기에 민간소비의 견인역할을 한 것은 어떤 사람들인가요?

8. 이 시기 이후 민간 기업들은 자금 조달을 어떻게 하게 됐나요?

9. 1950년대 후반 이후 일본의 각 가정이 갖기를 원한 대표적인 가전제품 3가지는? 그것을 뭐라고 불러요?

1.

2.

3.

10. 1962~64년의 호황기 이름은?

11. 1965~70년의 호황기 이름은?

12. 1960년대 중반 이후 일본의 각 가정이 갖기를 원한 대표적인 제품 3가지는? 그것을 뭐라고 불러요?

1.

2.

3.

13. 국제수지의 천장

: 민간 기업의 수출이 늘어나면, 원자재 수입을 위한 달러의 수요가 올라가고 국가가 환율의 안정/외국에 지불하기 위한 외화(   ) 가 부족하게 되기 때문에 정부가 금리를 인상하고 기업의 경제활동을 제한하는 것.

14. 1960년대의 일본은 13.를 어떻게 극복했나요?

15. 일본이 서독을 넘어서 GDP 세계 2위로 오른 연도는?

16. 1973년에 고도성장기가 끝나는데 그 원인이 된 것은?(2가지)

1.

2.

17. 고도성장기의 일본이 낳은 문제점은?(3가지)

1.

2.

3.

18. 1970년대 후반 일본의 2차산업 구조에 변화란 ( )에서 기술이 필요하고 부가가치가 높은 ( ) 로의 전환을 말하고 구체적인 상품으로는 ( ) 등이 있다.

19. 1980년대 전반에 일본의 산업은 ( )중심에서 ( ) 등의 상품을 중심으로 한 ( )로 전환했다. 그에 따라 미국과 일본 사이에 ( )이 일어났다.

20. 1985년 9월에 G5(미국, 일본, 영국, 서독, 프랑스)의 경제담당자들이 미국제품의 수출을 돕고, 기축통화인 미국 달러 폭락의 가능성을 막기 위해 달러가치를 내리기로 한 합의를 ( )라고 한다.
그 결과 엔고현상이 일어났고 일본은 수출에 어려움을 겪었고 그 해결을 위해 기업의 ( )과 ( ) 이 진행되었다.

21. 20.의 합의에 의해 생긴 엔고불황 대책으로 일본정부가 금리를 낮춰서 통화량을 증가시킨 결과 1980년대 후반에서 90년대 초(1986.12~1991.2)까지 공전의 투자붐이 일어났는데, 그 때의 경기를 ( )라고 했다.
특히 ( )과 ( )의 투기가 많이 이루

어졌다.

22. 달러 가치가 하락해도 수출이 호전되지 않은 미국이 다시 달러가치를 올리기를 원해, 각국의 금리를 내림으로 달러수요를 올리기로 한 합의를 ( )이라고 한다.

23. 미국 투자자들이 일본과 서독이 금리를 인상하면 다른 투자자들이 엔과 마르크를 사기 위해 미국의 주식을 팔 것을 예상하고, 주식을 팔기 시작했고 1987.10.29에 실제로 미국주식 폭락된 사건을 ( )이라고 한다. 이로 인해 일본정부는 금리를 인상하면 미국 주식이 더욱 폭락하기 때문에 다시 금리인상을 못하게 되었다.

24. 21.의 경기가 붕괴된 원인으로는 1989.5이후 5번에 걸쳐서 일본정부가 실시한 ( )인상과 1990.3에 대장성이 실시한 ( ), 그리고 1991.5에 도입된 ( )이/가 있다. 그 결과 개인/기업의 신용평가의 기본이 되어 있었던 ( )값이 폭락되었고, 회수불가능해진 대출에 의해 파탄/부도되는 은행들이 나오게 되었고, 일본이 장기 불황기에 돌입되는 계기가 되었다.

6. 거품경제(バブル)의 붕괴와 장기불황

6장에서는
현대 일본경제가 직면한 상황,
특히 "잃어버린 20년"이라고
불리는 장기불황이 어떻게 시작되었는지
지금까지 어떻게 흘러왔는지에
대해서 알아본다.

1. 2차 대전 이전과 이후
2. 전후부흥기(1945~1955)
3. 고도성장기(1956~1973)
4. 고도성장파탄 후의 조정기(1974~1991)
5. **장기불황기(1991~)**

5. 장기불황기(1991～)

1991～현재 장기불황기("잃어버린 20년")

1991.2～1993.10	**거품경제(バブル) 붕괴기간**
	(제1차 헤이세이 불황기)
1993～97	캠퍼경기(カンフル景気)/잔물결경기(さざなみ景気)
1997	IMF위기(アジア通貨危機), LTCM 파탄
1999～00	IT경기(인터넷 경기)
2000～02	IT버블 붕괴
2002～07	이자나미경기(いざなみ景気)(저성장)
2008	리만사태(リーマンショック)

거품경제(バブル) 붕괴

- 경기동향지수(景気動向指数)

경기동향지수(CI)

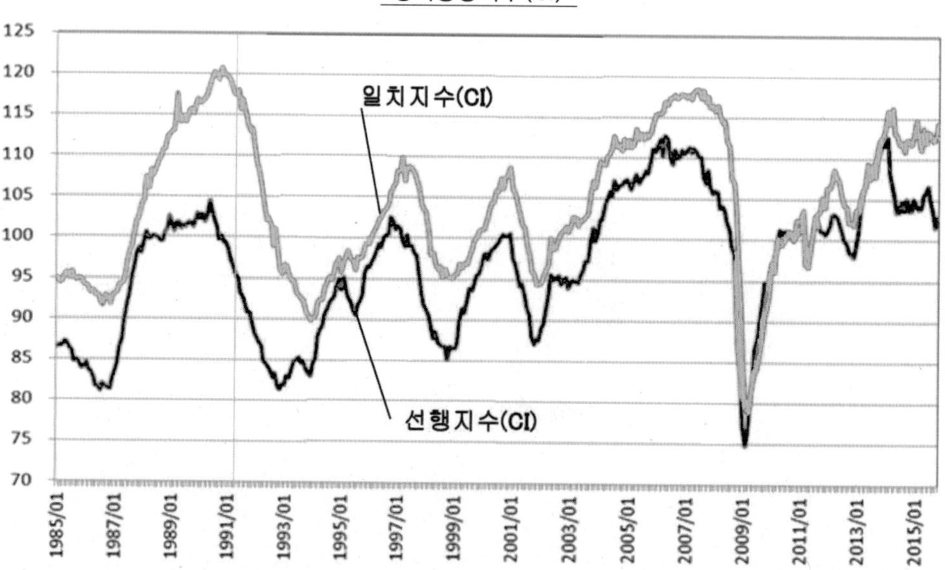

출처 : 内閣府 HP

● 주가하락

닛케이 평균 주가

● 땅값 하락

(2013년을 100로 해서)

6대도시※의 시가지 가격지수(市街地価格指数)

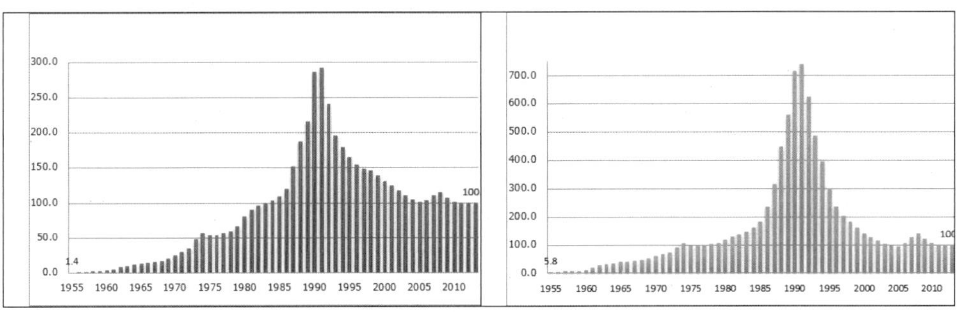

(2013년을 100로 해서)

6대도시 외의 시가지 가격지수(市街地価格指数)

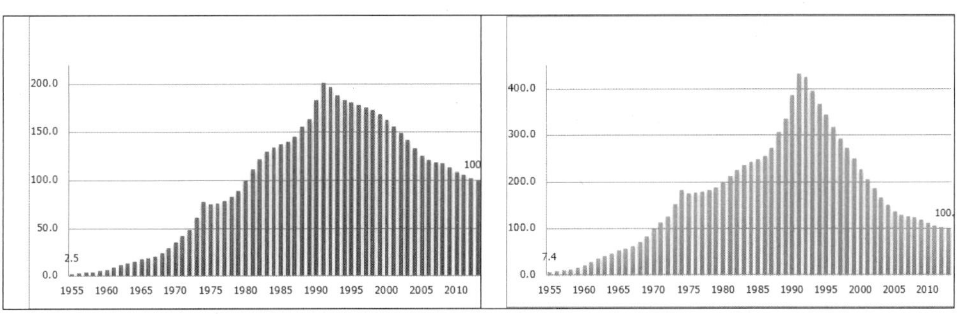

※ 6대도시 : 도쿄(東京(23区)), 요코하마(横浜), 나고야(名古屋), 오사카(大阪), 교토(京都), 고베(神戸)

■ 금융기관의 불량채권

은행의 불량채권 비율의 추이

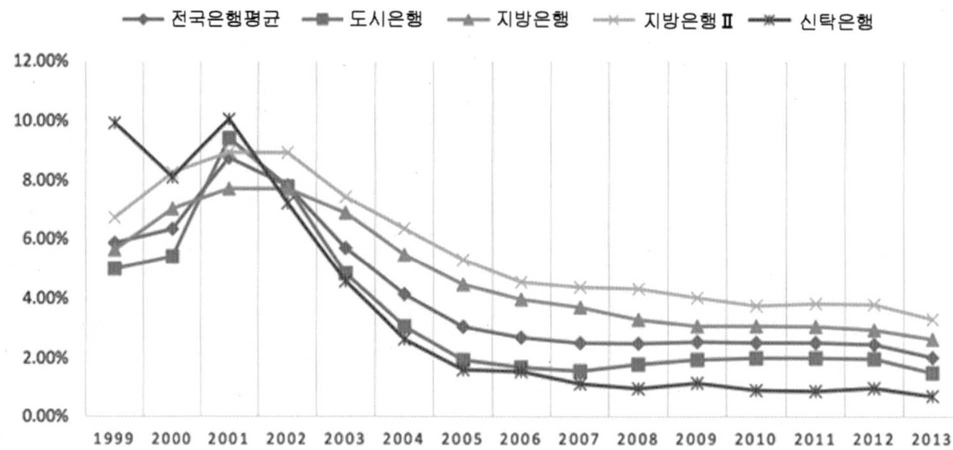

전국 은행 불량채권 처리액

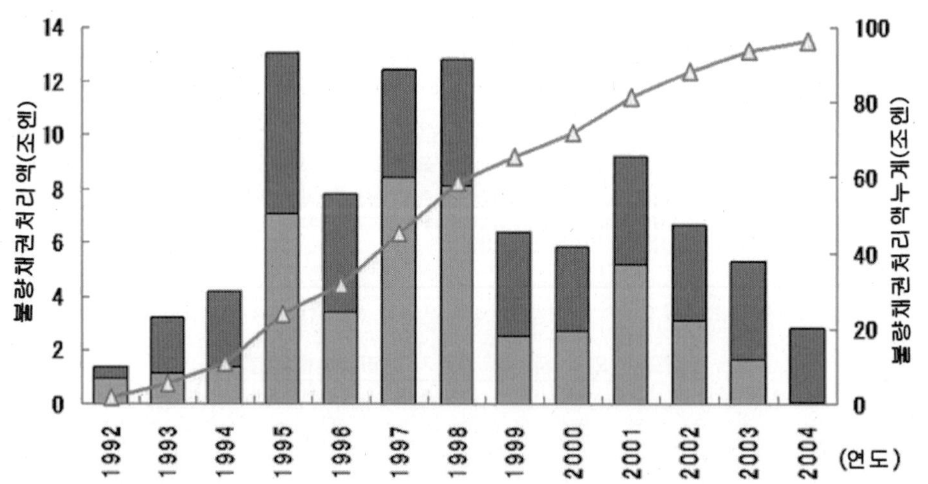

→ 은행끼리 의심하고 자금의 흐름이 멈추기 시작

→ 장기 불황기에 돌입

■ 은행의 대출기피(貸し渋り)와 대출회수(貸し剥がし)

불량채권이 늘어나다 → 자기자본으로 부족분을 상각 → 자기자본비율이 저하 → 대출한도액이 감소(8%룰) → 경영부진으로 → 은행끼리 의심(단기대출 콜 시장이 기능하지 않다)

- 대출기피(貸し渋り) : 민간기업을 상대로 한 대출을 자제/기피
  → 대출에 의한 은행수입이 감소
- 대출회수(貸し剥がし) : 민간기업에 대출을 했는데 상환가한이 오기 전에 자금을 회수하거나 거래를 끊는 것

→ 은행은 기업대출 대신 국채를 구입 → 은행이 대량의 국채를 보유하게 됐다.

회사 도산건수의 추이

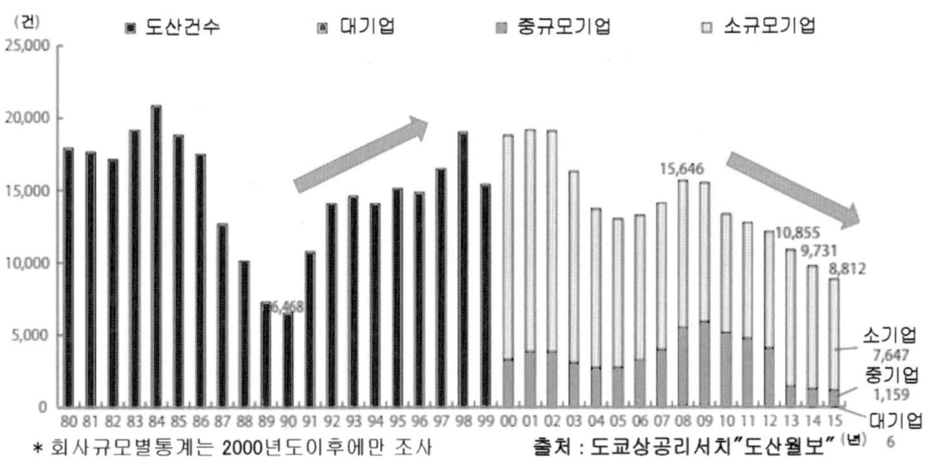

* 회사규모별통계는 2000년도이후에만 조사   출처 : 도쿄상공리서치"도산월보"

■ 민간기업 : 구조조정

- 원래 일본기업의 강점으로 여겨진 특징 종신고용제(終身雇用制)[1], 연공서열(年功序列)[2] 등을 방향전환 내지 포기

1 종신고용제(終身雇用制) : 한번 고용/취업한 직원이 정년퇴직할 때까지 같은 직장에서 일을 하는 것

- 구조조정(構造調整/構造改革/リストラ)

  희망퇴직자(希望退職者=명퇴) 모집(肩叩き)

  한직(閑職)으로 좌천

  전형적인 예)

  · 한직(窓際族) → 회사내 니트(社内ニート)/추방실(追出部屋)

  · 관련기업으로 출향(関連企業への出向) 등

- 기업의 블랙기업(ブラック企業)화

  · 서비스잔업(サービス残業), 과로사(過労死), 성희롱(セクハラ), 갑질(パワハラ) 등

- 신규채용을 자제

  → 파견노동자(派遣労働者, 파견형태의 계약직) 급증

  → 산업공동화[3]와 아울러 기술의 공백을 초래

· 1993~97　캠퍼경기(カンフル景気)/잔물결경기(さざなみ景気)

대규모 공공투자로 경제 부흥

1993. 4.　총합적 경제대책 13.2조엔,

1993. 9.　긴급경제대책 5.9조엔,

1993　금리(공정이율) 2.5% → 1.75% 인하

1994. 2.　총합경제대책 15.3조엔.

---

2 연공서열(年功序列) : 업무상의 능력보다 입사한 후의 근무연도수로 대우가 결정되는 것(신규채용은 신규졸업자. 직업교육은 취직 후에 기업이 한다. 단기적인 성과주의보다 장기적인 성장계획/투자, 연구/생산/판매의 연계성 등)

3 80년대부터 엔고대책으로 추진되었던 해외공장 이전, 현지생산 움직임으로 구내 생산력의 저하와 기술계승의 맥이 끊어진 것. 특히 1992년 이후 중국이 개혁개방을 도모하여 일본기업들은 인권비가 싼 중국에 공장설립 등 투자추진을 했다.

■ 금융 재편성(은행재편)

· 1996　　금융제도개혁(금융 빅뱅)

· 1998　　독점금지법 개정 → 지주회사 설립이 가능

→ 은행(금융기관)의 통폐합을 위한 환경을 정비

· 1997. 4.　　소비세 인상 3% → 5%

· 1997. 7.　　아시아통화위기(IMF 위기)

미국 LTCM(Long-Term Capital Management) 파탄

→ 1997.11.　　산요증권(三洋証券)/홋카이도척식은행(北海道拓殖銀行)/
　　야마이치증권(山一證券)/도쿠요시티은행(徳陽シティ銀行)이 도산

→ 본격적으로 금융계 재편성(통합, 합병)

1970～1980년대 도시은행 13개, 대규모은행 20개

→ 4대 은행으로 통합

(三菱東京UFJ銀行, みずほ銀行, 三井住友銀行, りそな銀行)

2006　3대 메가뱅크(メガバンク)로 재편

(三菱東京UFJ銀行, 三井住友フィナンシャルグループ, みずほフィナンシャルグループ)

일본의 은행 재편성의 흐름

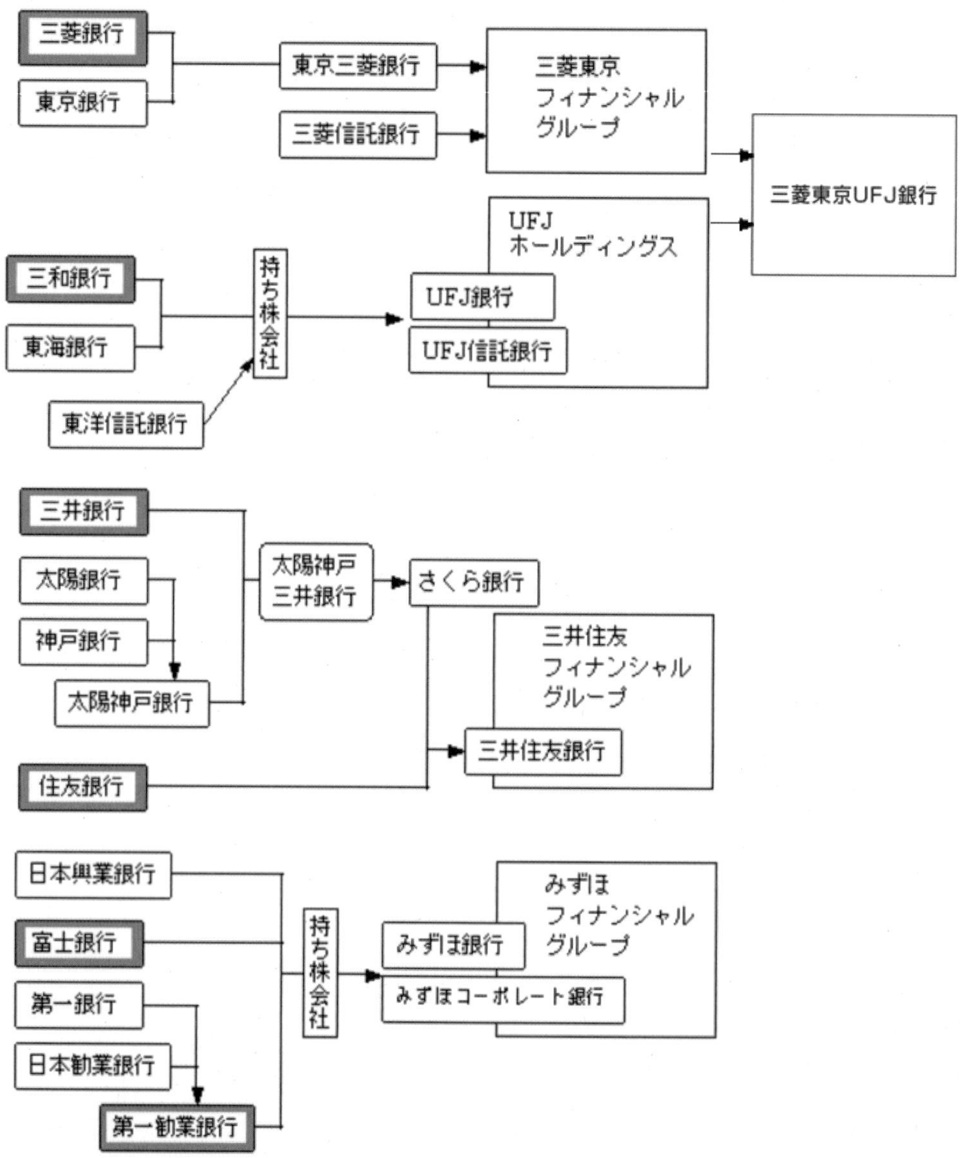

- 1999~00 IT경기(인터넷 경기) : IT관련 기업들이 호황
  1995 MS사 윈도우즈95 판매
  1998 MS사 윈도우즈98 판매

Yahoo! JAPAN, 소프트뱅크, 라쿠텐, 라이브도어 등 인터넷 기업

NTT, 도코모(ドコモ), KDDI 등 통신/휴대폰 관련회사

NEC, 후지쓰(富士通), 도시바(東芝), 소니(ソニー) 등 컴퓨터 관련회사

반도체, 통신케이블, 광통신, USEN, 소프맵 등

※ OS, 브라우저, 검색엔진 등 핵심기술은 미국주도

→ 큰 투기기업은 없다.

· 2000～02　IT거품(IT버블)의 붕괴

2000. 3.　월간 문예춘주(文藝春秋)가 (주)히카리통신(光通信)의 부정의혹을 보도

→ 주식이 20일간 인하한도까지 폭락하여 최고치의 100분의 1까지 하락

→ 다른 인터넷 관련 주식도 연쇄적으로 폭락

· 2002.2.～08.2.(73개월)　이자나미경기(いざなみ景気)

성장률은 낮지만 성장기간은 이자나기경기(いざなぎ景気)의 57개월보다 1년 4개월 긴 호황

고이즈미(小泉)정권(2001～2006)의 구조개혁 :

공공투자를 축소하여 각종 규제완화로 민간기업의 활력을 기대

(실효성평가는 아직 불확정)

2004 금융기관들의 불량채권 처리가 진전

1차 아베(安倍)정권(2006～2007) :

고이즈미의 구조개혁노선을 계승

※ 이 시기에 진행되기 시작한 양극화를 나타낸 말이 「승자(勝ち組)」「패자(負け組)」

(“국민총중류시대”의 끝)

· 2008　　　리만사태(リーマンショック)

2008.9.　　미국의 대규모 투자은행인 리만브라더스가 도산

→ 심각한 세계적인 불황의 원인

■ 미국 리만사태

● 배경

미국에서는 일반인들을 상대로 하는 상업은행[4]은 FRB가, 증권회사[5]는 SEC(증권거래의원회)가 관리/감독, 경영실태를 체크하여 때로는 구제방법을 제시하지만, 전문가를 상대로 하는 투자은행[6]에는 그런 관리/감독 기관이 없다.

※ 서브프라임 모기지(サブプライムローン, subprime mortgage, 우대주택대출) : 원래 대출이 안 되는 상대적으로 신용평가가 낮은 고객에게 높은 금리로 주택자금을 대출하는 상품. 미국의 경우 주택대출의 담보로 보증해야 하는 것은 구매 당시의 금액이 아니고 구매한 땅과 건물 등의 현물. 돈을 갚지 못하게 되어도 그 땅과 건물만 넘겨주기만 하면 된다.

↓

※ 미국의 주택 버블 : 2002쯤부터 2007까지. 주택 가격이 계속 올라가서 투기 대상으로 부상. 서브프라임 모기지 등을 이용해서 주택 매매를 거듭하는 투자자들이 생긴다.

● 징조

2007.4.　서브프라임 모기지를 취급한 대규모 은행인 뉴센추리 파이낸셜이 도산

2007.7.　대규모투자회사인 베어스턴스[7]가 도산(서브프라임 모기지의 위험성

---

4 상업은행 : 일반인을 상대로 주로 예금과 대출업무를 하는 은행.

5 증권회사 : 일반인을 상대로 단순히 증권시장에 유통되는 증권을 매매하는 기업.

6 투자은행 : 전문 투자자들과 투자를 원하는 기업들을 연결하는 금융기관. 장기적인 투자를 받기 원하는 기업의 사채/주식 등의 증권발행의 조건 설정과 투자자의 알선, 기업의 경영 에도 적극적으로 참여하여 투자를 성립시키기도 한다.

7 1923년에 설립. 리만브라더스에 이은 미국의 5번째 투자은행이었다.

을 느낀 고객/투자자들에 의한 대규모인출 사태가 원인)

2007.8. 프랑스의 대규모 금융회사 BNP파리바[8] 산하의 투자은행이 서브프라임관련 상품의 해약을 동결.

- 경위

서브프라임 모기지 상품으로 주택대출을 하는 금융회사가 대출금과 이자 회수에 따른 리스크를 피하려고 채권을 원래 받을 수 있는 금액(원금+이자)보다 싼 가격으로 투자은행에 팔게 된다.

→ 그 판매 이액을 다시 서브프라임 모기지 상품으로 대출에 사용

(→ 이 과정을 반복해서 서브프라임 모기지 상품으로 인한 대출총액이 누적)

→ 금융회사에서 채권을 매수한 투자은행은 채권의 회수 리스크를 분산시키기 위해 여러 회사의 모기지를 혼합하여 모기지증권 상품(서브프라임 모기지 채권의 높은 이자를 받을 수 있는 권리를 증권화)을 개발해서 다른 금융기관에 판매

→ 기업/상품 평가기관(格付け会社, rating firm)이 투자은행의 모기지증권에 리스크 분산이 되어 있다는 이유로 높은 평가를 부여

→ 금융기관들이 모기지증권을 안정성이 높은 상품으로 구입/전매

→ 미국의 주택 버블이 꺼짐

→ 땅과 건물(서브프라임 모기지의 담보) 가치가 폭락

→ 여러 상품을 혼합해서 만든 모기지증권의 가치가 평가 불가능하게 된다.

→ 금융기관들이 자신/다른 금융기관이 입은 손해를 알 수가 없어서 불신/불안

→ 금융기관들 사이의 자금 유통이 멈추게 된다.

→ 채권상품을 주로 취급하던 대형 투자은행인 리만브라더스[9]의 신용이 폭락

[8] 2014 현재 유럽은행동맹에서 재일 규모가 큰 은행.

[9] 1850년에 설립된 미국에서 4번째의 규모를 가진 대형 증권회사/투자은행이었지만 2008년9월15일에 도산했다. 도산될 때까지 신용평가기관으로부터 AAA평가를 받고 있었고 세계경제에 큰 영향력을

→ 당시 미국은 공화당 부시 정권(작은 정부를 지향=시장 간섭을 안 함)

→ 리만브라더스 도산

(→ 리만브라더스 도산 2주후, 사태의 심각성을 알게 된 미국 정부는 금융안정화 법안을 발의 → 민간 기업의 구제에 정부가 나서는 일에 국민이 반발

→ 미국 의회 하원으로 부결 → 뉴욕주식시장 폭락)

→ 대형 금융 불안이 세계에 퍼졌다.

- 영향

미국 : 자동차회사 크라이슬러(2009.4.30)[10], GM 도산(2009.6.1)[11]

독일 : 대규모 부동산금융회사 Hypo Real Estate 경영위기(2008.9.29)

아이슬란드 : 자금난에 처한 금융기관을 국유화(2008.10.8)

일본 : 다이와생명보험 도산(2008.10.10)[12], 닛케이평균주가가 40% 폭락(엔고의 영향)(2008.10.10)

중동 : 도바이 쇼크(2009.11.25.) : 도바이 정부가 정부계 회사의 채무변상 연장을 각국에 요청

■ 2008~2009 세계동시 불황

- 해외 불황 → 미국 달러 하락으로 엔고 → 일본의 수출이 감속

※ 엔고가 진행됐지만 일본 국내의 물가상승률이 낮아서 상대적으로 영향은 적다.

- 2009 유로 통화위기 : 그리스의 제정적자로 유로의 신용도가 하락 → 엔고

가진 회사였다.

10 2009.6.10.에 법적 절차를 끝내, 제건. 현재는 피아트 산하기업.

11 General Motors. 2010.8에 공개자금을 모아 재건, 주식 상장.

12 2009.4에 미국 지브랄타 생명의 출자로 자회사로.

■ 2009～2012 기시감 경기(デジャブ(déjà vu)景気)

- 가전 에코포인트 사업(家電エコポイント事業)(2009～10) : 황경성(環境省)/경제산업성(経済産業省)/총무성(総務省)이 공동으로 경기회복을 위해 실시한 사업. 지구온난화 방지, 경제 활성화, 지상디지털방송 수신용TV의 보급을 목적으로 에너지 절약효과가 높은 에어컨/냉장고/지상디지털방송 수신용TV를 구입하면 에코보인트를 부여, 보인트로 에너지 절약상품 등을 구입가능 → 경기활성화에 기여

- 2011.3. 동일본대지진(東日本大震災)

■ 2012 미국 국채 쇼크(米国債ショック)

- 미국 신용평가 기관인 스탠더드앤드푸어스(S&P)가 2011.8.5.에 미국의 장기발행채의 평가를 AAA에서 AA+로 내림으로 세계의 주식·채권·통화시장에 영향

■ 2012.12. 2차 아베 정권(2012～현재)과 아베노믹스

- 아베노믹스 : 원래 1차 아베신조내각의 경제정책[13]의 총칭으로 명명. 40대 미국 대통령 레이건의의 경제정책 "레이거너믹스(Reaganomics)"와 관련시켜서 명명(?)
  데플레이션을 극복하기 위해 물가상승 목표를 설정하고, 목표 달성까지 금융완화를 실시하는 금융정책

■ 아베노믹스의 "세 개의 화살" (2012.11.)

- 대담한 금융 정책(금융완화)
- 기동적인 재정정책(재정출동)
- 민간 투자를 자극하는 성장 전략

---

13 1차 아베내각 때의 경제정책은 재정지출을 삭감. 공공투자를 축소하고 규제완화를 통한 성장을 노린 고이즈미 내각의 "구조개혁" 노선의 계승한 것으로 2차 아베내각과는 다르다.

▸ 대담한 금융 정책

2%의 인플레이션(물가 상승률)을 목표로

무제한의 양적 완화/엔고의 시정/일본은행법 개정

일본은행법을 개정해 건설국채 인수로 인한 양적완화(통화공급)를 통해 물가 상승 자극을 검토. 인플레이션과 동시에 엔화하락으로 전가제품/자동차 등의 수출 산업의 호황을 도모.

▸ 기동적인 재정정책

대규모 공공 투자(전국의 노후화된 인프라의 정비 = 국토강인화)

일본은행에 의한 건설 국채의 매입/장기 보유를 검토

과거 최대 규모의 추가경정예산 편성. 공공사업의 확대 등으로 수요 창출. 또한 내각에 신설한 일본경제재생본부·산업경쟁력회의를 중심으로 적극적인 성장 전략을 수립하고 지속적인 경제 성장을 도모.

▸ 민간투자를 자극하는 성장 전략

"건강 장수사회"에서 창조되는 성장 산업

전원 참가의 성장 전략

세계를 이길 젊은이

여성이 빛나는 일본

국가가 주체가 되어 동일본대지진으로부터의 부흥 촉진/재해대책의 강화를 중심으로 노후화된 도로/다리 등 각종 사회인프라의 재건/수리/내진 보강. 연구 개발촉진/에너지 절약과 재생 에너지 투자촉진/새로운 사업에 도전 등.

■ 일본 경제의 구조개혁 단행을 표명 (〈파이낸셜 타임스〉지

(2014.6.30)

법인세 인하. 2014년에 2.4% 인하 몇 년에 20%대로 인하

규제 철폐, 에너지/농업/의료 분야를 외국자본에 개방

일하는 주부를 위해 집안일을 하는 외국인 근로자의 고용.

■ 아베노믹스 제2장 시작선언(〈문예춘추〉9월호 2014.8.9.)을 기고

하고 "경제 성장 이야말로 아베 정권의 최우선 과제"로 디플레이션 탈피를 향한 결의를 표명 지방 진흥/인구 감소 대책에 전력을 다할 생각을 나타냈다.

■ "네 번째 화살"(= 재정제건 = 소비세 인상[14])(2013.10.7.)

아시아태평양 경제협력체(APEC) 정상회의 강연 "소비세율 인상"으로 "재정건전화를 도모"하여 경제성장과 재정재건의 양립을 도모할 생각을 강조

2020년 하계 올림픽 도쿄 개최의 경제적 효과는 "경제 성장 의미에서 제4의 화살의 효과가 있다" 발언(2013.9.7.)

■ 새로운 "세 개의 화살"(2015.9.25. 자민당 총재선거 재선 기자회견)

2015년부터 3년간이 "아베노믹스의 제2단계" "일억 총 활약사회" 발표.
소망을 이루는 강한 경제
꿈을 자아내는 육아 지원
안심으로 이어지는 사회 보장

"일억 총 활약사회" 실현을 목표로 "일하는 방식 개혁" 담당 대신 설치(2016.8.3. 제3차 아베신조 네각(제2차 개조내각) 출범 시). 국무총리 결재를 통해 "일하는 방식 개혁 실현 회의"를 설치(9.26.).

● 비판과 평가

일본은행의 독립성을 훼손한다는 지적
대규모 투자에 의한 "재정 출동", "금융 완화"는 일시적인 대책. 국가부채 증가에 따른 재정의 악화가 우려
소비세인상은 회복돼가고 있는 경제를 위축시키는 효과
소비세인상과 법인세인하는 격차를 증가시킴

---

14 소비세 : 소비에 부과되는 조세. 재화/서비스의 거래에서 발생되는 부가가치에 과세하는 제도. 일본은 1989.4.1.에 소비세법을 시행(세율 3%). 이후 3% → 5%(1997.4.1.). 5% → 8%(2014.4.1)

미국 리만사태의 배경

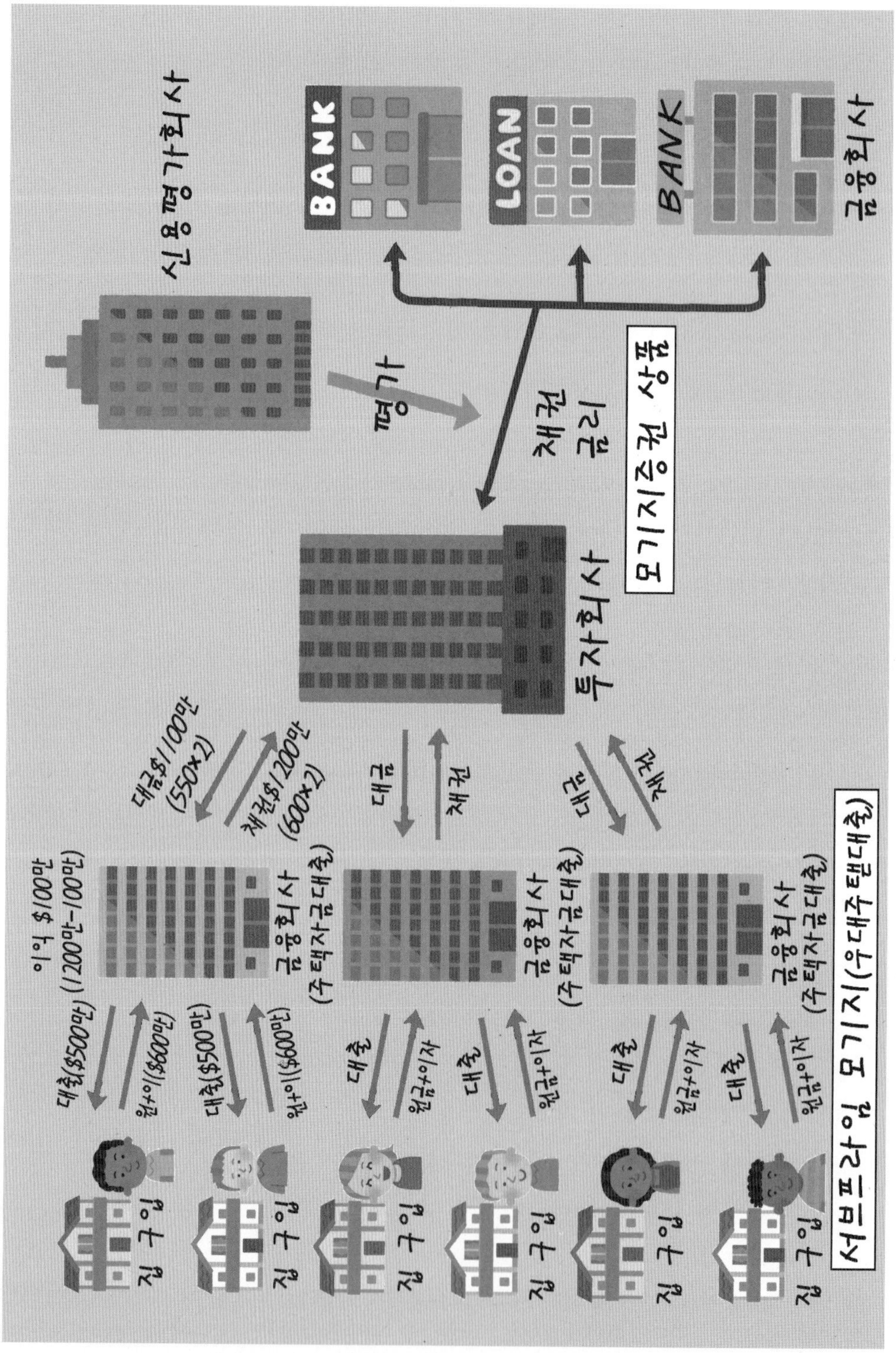

신용평가회사
BANK
LOAN
BANK
금융회사
평가
채권
금리
모기지증권 상품
투자회사
대금$1100만 (550×2)
채권$1200만 (600×2)
대금
채권
대금
채권
이익 $100만 (1200만-100만)
금융회사 (주택자금대출)
금융회사 (주택자금대출)
금융회사 (주택자금대출)
대출($500만)
원금+이자($600만)
대출($500만)
원금+이자($600만)
대출
원금+이자
대출
원금+이자
대출
원금+이자
대출
원금+이자
집 구입
집 구입
집 구입
집 구입
집 구입
집 구입
서브프라임 모기지(우대주택대출)

거품경제의 붕괴와 장기불황 복습

1. 거품경제 붕괴의 결과 자기자본비율이 떨어진 일본의 은행들이 하게 된 행동에는 ( )와/과 ( )이/가 있다. 그것에 따라 대출에 의한 수입이 감소된 은행들은 ( )를/을 구입하게 되었다.

2. 거품경제 붕괴의 결과 일본의 민간기업들은 ( )를/을 하게 되었고, 원래 일본기업의 강점으로 여겨진 특징인 ( )와/과 ( )이/가 흔들리게 되었다.

3. 1993~97년에 걸쳐서 일본정부가 대규모 공공투자로 경제 부흥을 시도한 시기의 경기를 ( ) 또는 ( )(이)라고 한다.

4. 3.의 경기가 정체된 원인에는 1997.4의 ( ) 인상과 1997.7의 ( )의 영향이 있다.

5. 1999~00에 인터넷관련기업과 통신/휴대폰 관련회사, 컴퓨터 관련회사, 반도체, 통신케이블, 광통신, USEN, 소프맵 등이 호황을 누린 시기를 ( )(이)라고 한다. 이것은 2000~02에 (주)히카리통신의 부정 보도를 계기로 한 연쇄적인 주식폭락으로 끝나게 되었다.

6. 2002.2~08.2(73개월)은 성장률은 낮지만 성장기간은 57개월 계속된 ( )보다 1년4개월 긴 호황으로 ( )(이)라고 불린다. 이 시기에 국민의 양극화를 나타낸 말로 (/)이/가 사용되기 시작되었다.

7. 2008.9 미국의 대규모 투자은행인 리만브라더스의 도산을 계기로 일어난 세계적인 불황을 (   )(이)라고 한다. 이것은 주택 버블(2002쯤부터 2007까지)기의 미국에서 원래 대출이 안 되는 상대적으로 신용평가가 낮은 고객에게 높은 금리로 주택자금을 대출하는 상품인 (   )를/을 취급하던 금융회사가 대출금과 이자 회수에 따른 리스크를 피하려고 채권을 (   )에 팔게 됐고, 그 채권의 회수 리스크를 분산시키기 위해 여러 회사의 모기지를 혼합한 (   )를/을 개발해서 다른 금융기관에 판매했었는데, 미국의 주택버블이 꺼지자 그 담보인 땅과 건물의 가치가 폭락되었고, 그에 따른 손해를 정확하게 평가(계산) 못 하게 된 결과 금융기관들 사이에 불신/불안이 퍼졌고 자금 유통이 멈추게 된 것이 원인이다.

8. 7.에 의해 2008~09 (   )의 시기에 들어갔고, 또 엔고가 진행됐지만 일본 국내의 물가상승률이 낮아서 상대적으로 영향을 적었다.

9. 2009~12의 경기를 (   )(이)라고 한다. 이 시시에 일본정부는 경기활성화와 지구온난화 방지, 지상디지털방송 수신용TV의 보급을 목적으로 에너지절약효과가 높은 에어컨/냉장고/지상디지털방송 수신용TV를 구입하면 포인트를 부여하여, 에너지 절약상품 등을 구입할 수 있게 하는 (   )을 실시했다. 하지만 2011.3에 일어난 (   )와/과 미국 신용평가 기관인 스탠더드앤드푸어스(S&P)가 2011. 8.5.에 미국국채의 평가를 AAA에서 AA+로 내림으로 세계의 주식·채권·통화시장에 영향을 준 2012의 (   ) 으로 인해 경기는 다시 위축되었다.

10. 2012.12부터 현재까지 계속되는 (   )는/은 데플레이션을 극복하기 위해 물가상승 목표를 설정하고, 일본은행법 개정까지 고려하면서 목표 달성까지 대담한 금융완화를 실시하는 금융정책(   )를/을 실시하고 있다.

7. 회사와 주식/증권

일본 회사의
법적인 형태
그리고 주식 투자가 이루어지는
시스템에 관해
간략하게 알아보기로 한다.

1. 회사란?

Company : (어떤 목적을 위해/자신의 의지로)사람이 모이는 것, 모인 결과
예) 회사, 법인, 기업, 친구, 동료, 동반자, 방문자, 집단, 단체…

※ 왜 모이는가?

- 목적 : 영리(이익을 얻는 것)
- 이유 : 힘을 합하기 위해

→ 역할이 발생 : 출자자(돈), 경영자(경영/운영능력), 노동자(기술)

→ 5개 유형

①출자자/경영자/노동자, ②출자자=경영자=노동자, ③출자자=경영자/노동자, ④출자자/경영자=노동자, ⑤출자자=노동자/경영자

(각 역할의 정도/비율에 차이)

출자자/경영자/노동자의 관계성 : 주인/노예, 고용/피고용, 협력자

→ 책임이 발생 → 대외적/내적 책임 : 누구 명의로 경영하는가?

→ 이익의 분배 : 누구의 역할/힘이 제일 큰가? 평가방법은?

영리목적의 company의 기원

개인사업(출자자=경영자=노동자, 출자자=경영자/노동자)

→ 사업 확장/규모의 확대

(출자자/경영자=노동자, 출자자=노동자/경영자, 출자자/경영자/노동자)

주식회사의 발생과 보급

주식회사의 제도 : 국책회사/칙허회사로 위험이 크고 자금조달이 어려운 사업에 대한 지원으로 시작

예) 16~17C　대항해시대 유럽에서 무역/민지경영을 위한 대규모 기업

1600　영국 동인도회사(항해가 시작할 때 자금을 모으고 끝나면 해산)

1602　네덜란드 동인도 회사(최초의 지속적인 주식회사)

1720　영국 남해회사에 대한 투기(투기) 붐(거품경제의 어원)

18C중반~19C 산업혁명 → 대규모의 자본투자로 큰 이익

경영능력이 없는 자본가(출자자)

자본이 없는 실무자(경영자)

→ 계약(partnership)을 맺고 출자자명의의 회사를 경영자가 운영(출자자의 이름으로 회사를 운영/계약 → 회사의 신용=출자자의 신용)

→ 이익을 분배

출자자는 이익은 얻고 싶지만 책임은 피하고 싶다

→ 출자자의 권리를 간단하게 매매하는 방법모색 → 증권화 → 매매에 한계

회사법(영 : Company law, 미 : Corporate law, Corporation law 등) 제정(19C 중반)

→ 출자와 회사의 명의를 분리(회사이름으로 운영/계약 → 회사의 신용≠출자자의 신용)

→ 출자자의 책임을 제한(유한책임 : 출자한 금액만 손해를 봄)

→ 투자액이 확대, 증권(주식)의 매매 용이

→ 주주총회에 의한 경영상태 점검/경영자 선택의 권리

2. 일본의 회사제도

회사(会社)의 어원

네덜란드어를 번역하면서 만들어진 일본 한자어. “会(회)”도 “社(사)”도 원래 각 글자는 사람의 모임/집단을 뜻하고 이 2개 글자를 조합한 회사(会社)도 처음에는 “집단” “단체”를 의미하고 있었다. 그것이 에도시대 말기부터 메이지시대 초기에 영어 society 또는 company의 번역어로 지금의 “사회”, “관공청(役所)”, “동료(仲間)”, “조합(組合)”, “협회(協会)”, “모임(会)” 등의 뜻으로 사용되었는데 서서히 용법이 정리되면서 현재와 같은 의미로 정착되었다.

■ 회사(会社) : 영리를 목적으로 하는 사단법인(社団法人)

※ 법인(法人) : 자연인 외에 법적으로 사람으로 간주되는 것. 여기서 사람이란 권리능력(권리/의무를 다할 수 있는 주체임)을 인정받은 존재

※ 사단법인(社団法人) : 사람의 집합(사단)에 법인격이 주어진 것

※ 재단법인(財団法人) : 재산의 집합(재단)에 법인격이 주어진 것

회사의 종류[1](4가지)

- 주식회사(株式会社)
- 지분회사(持分会社)
  - 합명회사(合名会社)
  - 합자회사(合資会社)
  - 합동회사(合同会社)

1 会社法 第2条1「会社 株式会社、合名会社、合資会社又は合同会社をいう。」

■ 주식회사(株式会社)

출자자(주주(株主))가 출자만 하고 회사의 운영상의 부채 등에 어떠한 의무도 지지 않은 회사.

출자자와 경영자가 분리되어 있고, 회사의 소유자인 주주가 경영진에게 회사의 경영/관리를 위탁. 최고의사결정의 권리는 주주에게 있고, 원칙적으로는 주주총회나 약관 등으로 경영진의 경영방침 등을 인가하다. 절차는 번거롭지만 많은 사람으로부터 많은 자금을 모을 수가 있다.

일정액의 자본금과 요건(상호, 책임자, 임원수와 임기, 사업목적, 주식의 발행수과 상한, 회사의 규칙을 정한 법(法)인 정관(定款))을 갖춘 상태로 필요서류를 작성, 법무국(法務局)에서 등기.

※ 주주(株主) : 회사가 자금(자본금)을 조달하기 위해 발행하는 주식(株式)을 발급받은 소유자(자본금의 출자자). 회사 경영실적에 따라 배당(配当)금이 지불된다. 직접회사운영을 하지는 않으나 주주총회를 통해 의사결정에 참여하는 권리를 가진다.

※ 주식(株式) : 표시된 액수의 출자(자본금 중의 얼마만금을 출자한지)를 증명하는 것. 증권(주권 株券) 향식으로 발행되기도 하다. 회사마다 1주의 액수, 매매되는 주식의 최소단위(예전에는 최소 1000주 당위로 매매, 지금은 1주~100주 등도 가능) 다르다. 주식시장을 통해 공개적으로 출자를 구하는 경우와 공개를 안 하고 매매한다고 해도 소유자끼리 개인적으로 거래되는 경우가 있다.

※ 사채(社債) : 회사가 자금조달을 위해 발행하는 채권. 회사의 실적과 상관없이 일정액의 이자가 지불되고, 증권회사, 금융기관에서 매매된다.

각국의 주식회사

지역	공개형[2]	폐쇄형
미국 델라웨어주	stock corporations	(close corporations)
일본	공개회사	(공개회사가 아닌 주식회사)
한국	주식회사	유한회사
중국	股份有限公司	有限公司
태만	股份有限公司	有限公司

일본 주식회사의 기관설계

<table>
<tr><th colspan="2" rowspan="2">주식회사의 분류</th><th colspan="7">주식회사의 기관</th></tr>
<tr><th>주주총회</th><th>이사[3]</th><th>이사회</th><th>감사</th><th>감사회</th><th>회계감사인</th><th>회계참여</th></tr>
<tr><td rowspan="2">공개
회사</td><td>대규모회사</td><td rowspan="6">의무</td><td rowspan="6">의무</td><td rowspan="2">의무</td><td rowspan="2">의무</td><td>의무</td><td>의무</td><td rowspan="6">임의</td></tr>
<tr><td>대규모회사가
아닌 회사</td><td>임의</td><td>임의</td></tr>
<tr><td rowspan="3">공개
회사가
아닌
회사</td><td>대회사</td><td rowspan="3">임의</td><td>의무</td><td rowspan="3">임의</td><td>의무</td></tr>
<tr><td>대규모회사가
아닌 회사
(회계감사인을 둘 때)</td><td>의무</td><td>(둔다)</td></tr>
<tr><td>대규모회사가
아닌 회사
(회계감사인을
두지 않을 때)</td><td>임의</td><td>(두지 않다)</td></tr>
<tr><td colspan="2">위원회설치회사</td><td>의무</td><td colspan="2">설차 할 수 없다</td><td>의무</td></tr>
</table>

출처 : 일본 会社法

2 주식을 증권시장에 상장하고 공개적으로 자금조달을 하는 형식

3 取締役(とりしまりやく)

주식증권의 예 (회사마다 형식은 다름)

■ 지분회사(持分会社《もちぶんがいしゃ》)

회사원 = 출자자로 소수의 사원들이 일상적으로 만나서 서로 의견조절과 결정이 가능한 유형의 회사. 의사결정의 절차 등은 간단하지만 많은 사람들의 거액의 자금을 모으기에는 부적절. 사원의 책임의 범위에 따라 3가지로 나눌 수 있다.

- 합명회사(合名会社《ごうめいがいしゃ》) : 모든 사원이 무한책임사원(無限責任社員), 즉 사원이 제한이 없이 회사의 모든 책임을 지는 회사
- 합자회사(合資会社《ごうしがいしゃ》) : 무한책임사원(無限責任社員)과 유한책임사원(有限責任社員)으로 구성된 회사
- 합동회사(合同会社《ごうどうがいしゃ》) : 모든 사원이 유한책임사원(有限責任社員)

3. 주식(株式)의 매매(자금의 조달과 투자)

주식시장(株式市場)/증권거래처(証券取引所)

주식/채권 등 유가증권을 거래하는 시장. 일반 투자자[4]가 아닌 거래회원인 증권회사의 직원들이 개인투자가의 위탁을 받고 거래를 하는 장소(개인은 증권회사에 위탁해서 주식을 매매=위탁매매).

일본에는 4개(도쿄, 나고야, 삿포로, 후쿠오카 (오사카는 2013년에 도쿄와 통합))

도쿄증권거래처(東京証券取引所)=도쇼(東証)

(http://www.jpx.co.jp/index.html)

- 5개시장(1부, 2부, 마더즈, JASDAQ, TOKYO PRO MARKET)

 - 도쇼(東証)1부 : 일정의 자격을 충족하고 상장(上場)을 인정받은 우량회사의 주식을 거래

 ※ 상장(上場) : 주식시장에 주식을 올리는 일

도쿄증권거래처의 마크와 건물, 시설

 - 도쇼(東証)2부 : 일정의 자격을 충족하고 상장을 인정받았지만 1부의 상장기업보다 규모가 작거나 상장주식수가 적은 회사의 주식을 거래

[4] 개인투자가, 거래처회원인 증권회사 외의 기관투자가

- JASDAQ(점두시장(店頭市場)) : 1963년 개설. 증권거래처에서 회원회사가 거래하는 시장이 아니라 개인투자가들이 증권회사에서 매매 신청한 거래를 컴퓨터 상에서 처리하는 시장. 원래 신흥기업(벤처기업)의 주식을 다루는 시장이었으나 개설 된지 50년 지나서 현재는 많은 우량기업의 주식을 다루는 Standard시장과 신흥성장기업의 주식을 다루는 Growth시장의 2가지로 나누어져 있다.

- 마더즈(マザーズ, Market Of The High-growth and Emerging Stocks) : 1999년 개설. 벤처기업의 주식을 다루는 시장

※ 시장의 평가는

JASDAQ Growth → MOTHERS → JASDAQ Standard → 도쇼(東証)2부 → 도쇼(東証)1부의 순서로 높아진다.

- TOKYO PRO Market : 전문투자자만을 상대로 하는 시장
주식시장(TOKYO PRO Market)과 채권시장(TOKYO PRO-BOND Market)의 2개로 나누어진다.

※ **전문투자자** : 금융기관 등의 종사자/관계자(適格機関投資家), 상장된 회사나 증권회사에 의한 승인을 받은 투자경험과 금융자산을 가진 주식회사나 개인투자가

증권회사

개인투자가 등의 신청을 받고 유가증권 매매의 중개하는 등록기업.

금융청장 등록제(第1種金融商品取引業) 요건은 (1)주식회사 (2)자본금 5,000만 엔 이상 (3)자기자본비율 120% 이상, 기타 회사의 인적구성, 주요주주의 규제 등

- 거래를 원하는 개인투자가들은 증권회사에 계좌를 개설하고 매매한 내역이나 소유한 증권은 그 계좌의 기록된다.

- 일본의 대규모 증권회사(5대증권(五大証券))
  - 노무라증권(野村証券) : 노무라홀딩스(野村ホールディングス)
  - 다이와증권(大和証券) : 다이와증권그룹본사(大和証券グループ本社)
  - SMBC닛코증권(SMBC日興証券) : 미쓰이스미토모파이넌셜그룹(三井住友フィナンシャルグループ)
  - 미즈호증권(みずほ証券) : 미즈호파이넌셜그룹(みずほフィナンシャルグループ)
  - 미쓰비시UFJ증권홀딩스(三菱UFJ証券ホールディングス) : 미쓰비시UFJ파이넌셜그룹(三菱UFJフィナンシャル·グループ)

- 대규모 인터넷 증권회사
  - SBI증권(SBI証券) : SBI홀딩스(SBIホールディングス)
  - 라쿠텐증권(楽天証券) : 라쿠텐(楽天)
  - GMO클릭증권(GMOクリック証券) : GMO그룹의 GMO클릭홀딩스(GMOクリックホールディングス) 산하
  - 가부닷컴증권(カブドットコム証券) : 미쓰비시UFJ증권홀딩스(三菱UFJ証券ホールディングス) 산하 마쓰이증권(松井証券)
  - 마넷크스증권(マネックス証券) : 머넷크스그룹(マネックスグループ)
  - 오카상온라인증권(岡三オンライン証券) : 오카상증권그룹(岡三証券グループ)

닛케이평균주가(日経平均株価) : 경기지수

일본경제신문사가 도쿄증권거래처 1부에 상장한 대표적인 회사 (225개 회사)의 주가의 평균가격을 매일 계산/발표한 것. 1949년 시작. 각 주식의 액면(額面) 50엔 당 그 날의 금액의 평균. 회사의 주식 발행 수가 늘어나도(주식을 분할해도) 영향을 받지 않도록 조절한다.

※ 주식의 분할 : 원래 발행한 주식의 값이 올라가서 자금조달이 어려워졌을 때 주식을 분할하고 발행수를 늘리고 액면을 내리는 것

예 : 1000주단위로 매매하던 주식의 거래가격이 1주 1엔으로 상승 → 최소거래에 1000만엔 필요 → 주식을 거래하기 쉽게 1주를 2주로 나누어 가격을 1/2로

TOPIX(Tokyo Stock Price Index 東証株価指数(とうしょうかぶかしすう))

주식시장의 동향을 나타내는 지수. 도쿄증권거래처 1부에 상장한 모든 회사의 주가의 시가총액을 숫자로 나타낸 것. 계산을 시작한 1968년 1월 4일의 지수를 기준(100)로 계산.

회사와 주식/증권 복습

1. 일본의 법인에는 ( )와/과 ( )의 2종류가 있고, 회사는 ( )을/를 목적으로 하는 ( )이다.

2. 일본의 회사의 종류에는 크게 ( )와/과 ( )이/가 있다.

   전자는 출자자인 ( )은/는 출자만하고 회사의 운영상의 부채 등에 어떠한 의무도 지지 않는다. 출자자와 경영자가 분리되어 있고, 회사의 소유자인 주주가 경영진에게 회사의 경영/관리를 위탁한다.

   후자는 회사원=출자자로 소수의 사원들이 의견조절과 결정을 하는 유형의 회사로 사원의 책임의 범위에 따라 ( ), ( ), ( )의 3종류가 있다.

3. 주식(株式(かぶしき))의 매매는 ( )에서 이루어지고 일본에서는 (/ / /)의 4개 장소에 있다. 일반 투자자는 증권회사의 직원들에게 위탁하는 형식으로 매매를 한다.

   그 중 제일 큰 ( )에서는 ( )개 시장에서의 거래가 실시되어 있다.

   가장 크고 대표적인 거래시장은 ( )와/과 ( )(이)고, 그 외에 벤처기업의 주식을 다루는 시장인 ( ), 개인투자가들이 증권회사에서 매매 신청한 거래를 컴퓨터 상에서 처리하는 ( ), 전문투자자만을 상대로 하는 시장인 ( )이/가 있다.

4. 주식시장의 동향을 알아보는 지수에는 ( )와/과 ( )이/기 있다.

8. 일본의 회사와 경영

근세(에도시대)이후의 일본의
전통적인 직장과 근로형태에서
일본인의 조직(직장)생활에 대해서 알아본다.

아울러 서구 자본주의의 전통적인
직장형태와 간략하게 비교하여
회사의 양태에 대해서 생각해보기로 한다.

일본식 경영의 특징

■ 일본식 경영의 특징

"종신고용"[1], "연공서열", "회사내(기업별)조합"[2]

= 일본기업의 3종의 신기(日本企業の三種の神器)

■ 직무급(職務給)[3]·직능급(職能給)[4]이 아닌 속인급(属人給)[5]

※ 서양(구미)식 고용

- 구미식 경영의 특징 : "일시고용", "능력/직무서열", "직업별/산업별조합"
- 속인급이 아닌 직무급·직능급

현대 일본의 고용제도/기업풍토/노사관계의 원천

전통적인 직장조직과 구성원의 관계[6] :

- 고용자 : 남자를 중심으로 집(家)/상호(屋号)를 지키는 가부장제(家父長制)
- 피고용자 : 지주와 소작인

---

[1] Abegglen 자신은 "Lifetime commitment"라는 단어를 쓰고 있고 죽을 때까지 고용을 보장하는 것은 아니다.

[2] J. Abegglen(1958), *The Japanese Factory. Aspects of its Social Organization*, The Free Press

[3] 직무급(職務給) : 직무(업무 내용)에 따라 임금이 지급되는 제도

[4] 직능급(職能給) : 직능(직업에 대한 능력)에 따라 임금이 지급되는 제도

[5] 속인급(属人給) : 노동자의 속성(학력, 연령, 근속연수 등)에 따라 임금이 지급되는 제도

[6] 근세 이전의 노동/고용제도가 준 현대 기업체 경영에 대한 영향에 대해서는 적극적으로 평가하는 입장과 그렇지 않은 입장이 있다.

가부장제적 고용제도

■ 에도시대~쇼와(昭和) 초/중기의 상가(商家)/직인(職人)

– 상가 : 주인(主人/旦那)–관리자(番頭)–종업원(手代(남)/女中(여))–보조(丁稚(어린 남자)

한 상가(상점)의 주인(主人)과 실무책임자(番頭) 아래 남자직원(手代)과 여직원(女中), 보조/잔일을 하는 어린 남자직원(丁稚)이 같은 가게에 살면서 일을 한다. 보조는 관리자나 종업원로부터 상인으로서의 예의/상식/쓰기와 읽기/주산 등을 배우면서 일정기간 숙식만 제공받고 무급으로 일을 하는데(年季奉公), 나이가 들고 주인에게 인정 받으면 종업원로 승격하고, 그 때부터 급여를 받게 된다. 종업원 중 특별히 주인에게 인간성과 실력이 인정받게 되면 관리자가 되고, 더 가게가 발전하면 주인의 양자 고 같은 상호(屋号)를 가진 지점을 내거나(暖簾分け), 주인의 허락을 받고 독립해서 새로운 가게를 차리기도 한다.

종업원(手代/女中)끼리 보조(丁稚)끼리의 관계는 나이를 고려하나 기본적으로는 먼저 그 집에 들어온 사람이 손윗사람이 된다.

※ 가게와 가게의 관계 : 본점과 상호(屋号/暖簾[7])을 받은 지점

– 직인 : 감독(親方/棟梁)–직인(職人)–제자(弟子)

한 기술직의 일을 감독하는 김독(親方/棟梁)과 그 아래서 일을 하는 기술자(職人), 그리고 직인 밑에서 보조를 하면서 기술을 배우는 제자(弟子). 직인과 제자는 같이 가게에 살고 제자는 무급으로 직인의 일상생활을 도와주기도 한다. 제자는 감독이나 직인으로부터 직인으로서의 기술을 배우면서 직인에게 인정받으면 독립해서 직인이 되고 그 때부터 급여를 받게 된다. 감독이 은퇴할 때에 직인 중 특별히 다른 직인들에게 인간성과 실력이 인정받게 되면 감독이 되고 기술자 집단을 자신의 이름으로 이끌게 된다. 직인(職人)끼리 제자끼리의 관계는 기본적으로는 먼저 제자가 된 사람이 손윗사람이 된다.

---

7 포렴(暖簾) : 상점입구의 처마 끝이나 점두에 지는 가게의 상호가 그려진 막

- 상호(屋号(やごう))

  · 지형　　　: 下平田, 上平田, 長江, 向かえ, 前田, 下原, 上原, 近道 등
  · 지방명+屋 : 加賀屋, 越後屋, 上州屋, 紀伊国屋, 伊勢屋, 備前屋 등
  · 직업명+屋 : 鍛冶屋, 紺屋, 油屋, 竹屋 등
  · 성·명+屋　: 神戸屋, 鈴乃屋, 西松屋, 明(はる)屋, 大森屋, 岡田屋 등

상호의 마크의 예

상호가 그려진 포렴(暖簾)

가게/회사의 상징물+屋 : 松屋, 旭屋, 井筒屋, 鶴屋 등

지명+屋 : 松坂屋, 高島屋, 長崎屋 등

신불(神仏)+屋 : 大黒屋, 朝日屋, 白木屋, 福砂屋 등

기호+글자 : 「丸(○)+글자」 : 丸井, 丸大食品, マルハ, 旧丸金醤油, 丸万(丸萬) 등

「カネ(ㄱ : 金、曲、兼)+글자」 金森倉庫, カネミ倉庫, かねさ, 旧かねてつ 등

「山+글자」 ヤマキ, ヤマサ, 山一 등

기타 : 「～堂」 金冠堂(キンカン), キリン堂, 日本香堂(毎日香)) 등

「～亭」「～軒」 来々軒,

「～家」 不二家, 吉野家 등 「～湯」「～温泉」

「～屋敷」 上屋敷, 下屋敷, ヤマトヤシキ(百貨店) 등

기타 : キッコーマン(亀甲萬), フンドーキン(分銅金), にんべん (人偏, 사람인변), ヒゲタ醤油(콧수염에 田자) 등

에도시대~소화(昭和) 초/중기의 촌(村)과 농가

■ 지주(地主)-소작인(小作人)

자신이 소유하는 땅이 없는 소작인(小作人)이 땅의 소유자이 지주(地主)로부터 경지(小作地)를 빌려서 농사. 농촌은 폐쇄적인 사회로 에도시대에는 다른 지역에 갈 수 있는 자유도 없다.

에도시대의 집(家)과 가족

■ 무가(武家)

주인(主人)ー가족ー피부양자/하인(若党/中間/小物/下男(남)/女中(여)) 등

한 집안의 주인과 그 가족, 그리고 그 집의 신분/크기에 따라 와카토(若党), 주겐(中間), 고모노(小物)/게난(下男)라고 하는 남자, 조주(女中(上女中, 下女中/下女))라고 하는 여자 등이 그 집에 살면서 가족을 돌봐주거나 집 안 일을 돕는 일을 한다. 와카토(若党)/가미조주(上女中)는 그 집과 비슷하거나 조금 낮은 계급 집의 2남3

남, 2녀3녀 등의 젊은 남녀로 남자는 공직에 벼슬자리를 얻을 때까지 여자는 결혼할 때까지 다른 집에서 일을 하면서 상식과 예의 등을 배운다. 기타 주겐(中間), 고모노(小物)/게난(下男)들은 주인이 해고하지 않은 이상 평생 그 집의 일을 하게 된다.

에도시대의 신하(臣下)/주종관계(主従関係)

■ 지방 영주(領主/大名)－가신(家来/家臣)

각 지방을 다스리는 영주(領主/大名) 아래 가격(家格)/신분에 따라 벼슬자리를 얻은 가신(家来/家臣)들이, 그 벼슬의 직위에 따라 근무한다.

메이지~2차대전 때의 집(家)제도

■ 호주/주인(主人/戸主)－가족-서생/여중

모든 국민이 성씨(姓)을 갖고 호주(戸主)를 중심으로 한 집의 구성원(가족)으로 호적(戸籍)에 기록하는 호적제도 시행(무사계급의 가족제도를 파탕으로 1898(明治31)년 민법으로 제정)한다.

일부 부유한 집에서는 집에서 살면서 집안일을 도와주는 서생(書生)(남)/여중(女中)(여)을 둔다.

※ 집과 집의 관계 : 주종관계(主従関係)에 의한 주가(主家)와 종가(従家), 남자를 중심으로 한 혈통에 의한 본가(本家)와 분가(分家)

메이지시대~소화(昭和) 중기의 재벌(財閥)과 자회사(子会社)

■ 재벌(모회사/지주회사)-자회사

에도시대의 부호 일족 출신의 모회사(지주회사 持株会社)가 다양한 업종의 기업들(자회사)의 주식을 소유하고 지배한다.

※ 1960년대 후반에는 자본자유화에 대항하기 위해 많은 일본 기업이 거래은행과 종합상사를 중심으로 서로 주식을 가지고 팔지 않기로 한 "안정주주"의 관계를 형성. 은행이 기업에 대출하고 제품을 생산, 수출할 때에 물류/보험 등 모든 관련 업무를 그 관계회사에서 분담하는 "계열"화가 진행. "제2의 재벌"화 됐다.

에도시대～전후(戰後)의 고용과 급여제도

	상가(상인)	직인	주종관계
에도	속인급/연공서열을 바탕으로 직무/직능	속인급/연공서열을 바탕으로 직무/직능	속인급(계급)을 바탕으로 직무/직능
메이지			
쇼와			

2차대전 이후의 기업

- 일본국헌법에 의한 민주화로 가부장적 집제도 붕괴
- 노동 3권 확립으로 도제제도의 노예적인 면을 개혁
- 지방에서 대도시로 올라온 젊은 도시노동자를 중심으로 발전

■ **미국의 경영** : 주주(출자자)에게 최대한의 이익을 보장하는 경영(주주자본주의)
출자자와 경영자 사이는 가깝고, 경영자와 직원 사이는 멀다.

- 장단점 : · 경영자에 유리하고, 직원에 불리하다.
  · 주주는 운용 이익에 관심, 사업 자체에 애착이 없다.
  · 경영자는 단기적 이익실현에 주력
  · 설비 투자/연구 개발 의욕이 감퇴
  · 실적이 낮은 사업 분야 철수/감축 등 구조 조정을 쉽게 단행
  · 회사 토박이보다 능력이 있는 경영자를 외부에서 스카우트
  · 언제 해고 될지 모르는 경영자의 보수/해임시/퇴임시에 퇴직금이 고등

· 경영이 잘 돼도 직원 급여는 상승하지 않는다.
· 직원이 직무내용기술서 (Job Description) 외의 일에 손을 대는 일이 없다.
· 인원삭감 시 등급/근속연수에 따라 해고되는 순위가 정해져 있다.
· 경영자의 보수는 보장되는 고정비용, 직원의 인건비는 변동비로

※ 단, 70년대 미국 기업에서도 일본과 비슷한 회사공동체가 존재

미국/일본/독일의 경영조직

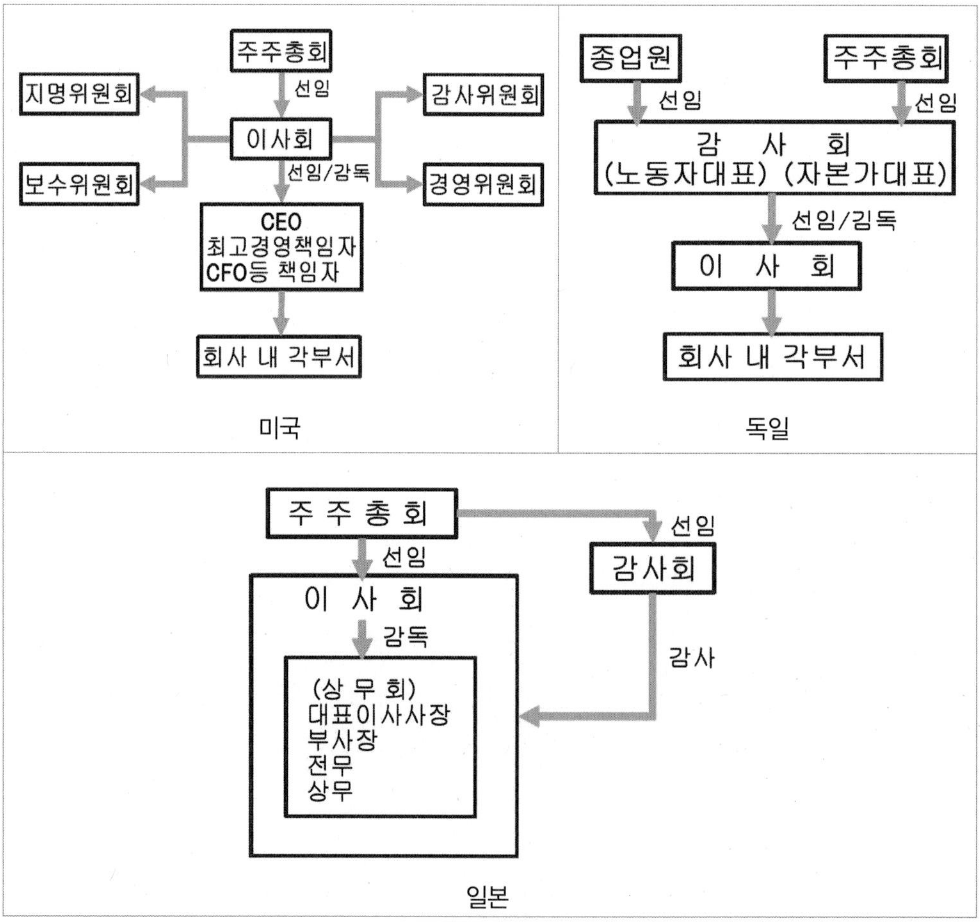

출처 : 柴田高(2006)

■ **일본의 경영** : 회사의 안정성(경영자와 직원)을 우선으로 하는 경영(인본주의)
경영자와 직원 사이는 가깝고, 경영자와 출자자 사이는 멀다.

- 장단점 : · 직원의 지식/기술/능력/경험 등의 집합체를 가장 중요한 자원으로 생각한다.
  · 회사는 직원들의 생활의 터
  · 경영과 감독의 역할이 분리되어 있지 않다("자율 자제").
  · 이사는 신입사원 때부터 사내의 선발과정을 거쳐 승진 해 온 토박이 임원이 많다.
  · 회사와 회사 사업에 대한 애착/소속감이 높다.
  · 경영자는 비교적으로 장기적 이익실현/설비 투자/연구 개발 의욕이 높다.
  · 실적이 낮은 사업 분야 철수/감축 등 구조조정을 쉽게 단행 못하고, 기업 실적이 악화해도 "사원들의 고용을 지키는 것"이 경영자의 최우선 과제가 된다.
  · 엄밀한 의미에서의 "종신 고용"이 아니더라도 장기 안정 고용을 지향한다.

■ **회사내(기업별)조합 :** 한 기업의 소속직원에 의해 기업단위로 조직된 노동조합

- 장단점 : 기업의 실태에 맞는 활동을 할 수 있는 반면, 경영에 대한 독립성이 약하고 운동이 폐쇄적인 경향이 있다.
  · 산업별조합의 교섭권이 기업에 미치지 못하는 경우가 많고, 횡단적 노동조건 확보와 산업정책 등에 대한 교섭권 강화의 측면에서 약점

2차대전 이후 GHQ의 노동3권 확립으로 많은 조합이 설립
→ 종신고용제와 노동시장의 폐쇄성(재취직이 어렵다)
→ 기업의 이익 = 직원의 이익으로 여기는 경향
→ 대부분의 일본의 노동조합은 기업별노조의 연합체가 산업별조직을 구성

→ 90년대 이후의 불황으로 조합이 축소경향
(양극화, 「勝ち組(かちぐみ)」 대 「負け組(まけぐみ)」)

회사는 누구의 것인가?

전통적인 경영(회사공동체의 구성원) vs 구미식 경영(주주의주)

- 글로벌리즘 : 회사공동체 의주에서 주주 의주로(합리화 : 성과주의, 이익 추구)

※ 대기업은 구미식 경영으로 이행[8]되는 회사도 많다.
예) 소니, 오릭스, HOYA, 이온, 히타치제작소(日立製作所), 도시바(東芝)

상대적으로 중소기업은 전통식 경영을 계속하는 경향이 많다.
출자자/경영자/직원 간의 힘과 분배의 밸런스가 경영형태를 결정한다.

8 2003년 4월에 시행된 개정 상법(商法)으로 자본금 5억엔 이상 또는 부채 총액 200억엔 이상의 대기업이 최고 경영자 조직을 가진 위원회 등을 설치한 미국형 회사로 전환 할 수 있게 되었다.

일본의 회사와 경영 복습

1. 일본식 경영의 특징으로 Abegglen이 말한 3가지 ( ), ( ), ( )은/는 그후에 일본의 경제발전에 따라 주목받고 일본경영의 ( )(이)라고 불리게 되었다.

2. 전통적인 일본 경영에서 급여는 종업원의 학력/연령/근속연수 등에 따라 지급되는데 이러한 급여를 ( )(이)라고 하고 미국이나 영국 등의 급여제인 업무의 내용에 따라 지급되는 ( )(이)나 업무 능력에 따라 라라 지급되는 ( )와/과 구별이 된다.

3. 일본 경영의 전통은 에도시대부터 계속되는 남자를 중심으로 집이나 상호를 지키는 ( )적인 성격을 강하게 가지고 있다.

4. 미국의 경영은 ( )에게 최대한의 이익을 보장하는 경영으로 ( )(이)라고 불리며 ( )과/와 ( ) 사이가 가깝고, ( )과/와 ( )의 사이가 멀다.

5. 일본식 경영은 회사의 안정성을 우선으로 여기는 경영으로 ( )(이)라고 불리며 ( )과/와 ( ) 사이가 가깝고, ( )과/와 ( )의 사이가 멀다.

6. 회사의 소유자는 법적으로는 (   )인데 일본에서는 회사의 경영에 있어서 전근대적인 사고방식과 구미식의 사고방식이 대립하고 있고, 기본적으로 중소기업은 전자를 대기업은 후자를 택하는 경우가 많지만 양쪽에 장단점이 있다.

9. 일본인의 일반적인 경제생활

각종 통계자료를
바탕으로 일반적인 현대 일본인들의
경제적 생활에 대해서
간략하게 알아본다.

1. 태어나서 죽을 때까지

우선 같은 대학생들의 경제적 생활을 알아보자.

대학생(10대 후반~20대)의 생활

고등학교/대학교/대학원/단기대학 진학률

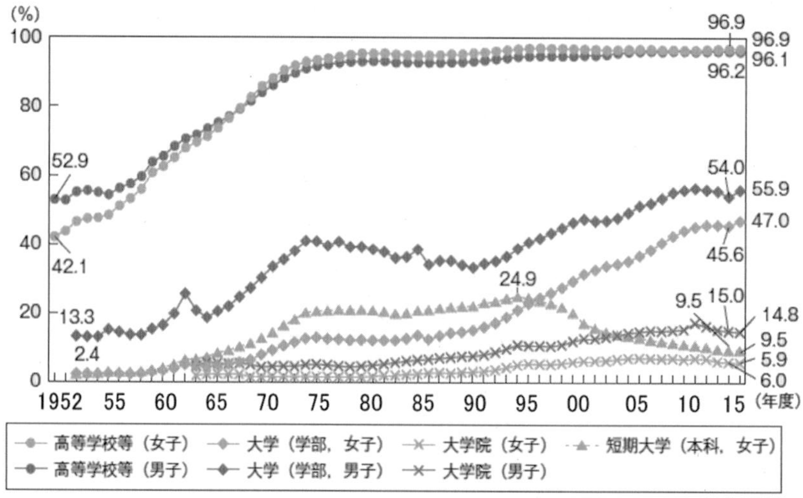

출처 : 문부과학성 "학교기본조사"

국공립대학, 사립대학 주간부 납부금 평균액

(단위 : 엔)

	입학금	수업료	시설설비비	합계(첫해)	합계(졸업까지)
국립대학※1	282,000	535,800	※4	817,800	2,425,200
공립대학※2	393,426	537,809	※4	931,235	2,544,662
사립단기대※3	246,053	695,410	171,545	1,113,008	1,979,963
(사립고등전문학교)※3	(167,826)	455,478	114,261	737,565	(1,307,304)
사립대인문사회계※3	237,862	748,871	156,496	1,143,229	3,859,330
사립대이공계※3	259,055	1,059,771	188,296	1,507,121	5,251,323
사립대의치계(6년)※3	1,012,134	2,896,140	881,462	4,789,736	16,122,542

※1 문부과학성령에 의한 표준액. 국립대 법인화에 따라 대학간에 약간 차이가 있다.

※2 문부과학성「2016년도 학생납부금조사」의 공립대 주간부의 평균액. 입학금은 티지역입학자의 평균액(지역내입학자의 평균액은 229,584엔).

※3 문부과학성「2015년도 사립대학입학자의 첫해 학생납부금 평균액조사」. 사립대주간부의 평균액.

※4 시설비, 실습비, 회비 등이 필요할 때가 있다.

혼자 사는 대학생의 평균 생활비(2014)

(단위 : 엔)

			연평균	월평균
수입			**2,685,700**	**223,808**
	가정 지원		1,488,000	124,000
		학비외의 가정 지원	397,900	33,158
	장학금		460,500	38,375
	아르바이트		284,500	23,708
	직업수입, 기타		54,800	4,567
지출			**2,185,100**	**182,092**
	수업료		840,600	70,050
	기타 학교 납부금		129,100	10,758
	수학비		50,400	4,200
	과외활동비		44,700	3,725
	교통비		25,300	2,108
	소계(학비)		**1,090,100**	**90,842**
	식비		260,300	21,692
	주거/광열비		471,300	39,275
	보건위생비		44,700	3,725
	오락/취미 등		146,200	12,183
	기타 일상비용		172,500	14,375
	소계(생활비)		**1,095,000**	**91,250**

출처 : JASSO(2014), "학생생활조사"

대학생(주간)의 1주일당 대학 수업시간 평균

(단위 : %)

	계	국립	공립	사립	남자	여자	1학년	2학년	3학년	4학년	5/6학년
0시간	6.1	12.5	7.0	4.6	7.9	4.1	0.1	0.3	0.7	20.8	29.6
1-5시간	14.2	15.7	16.0	13.8	14.6	13.9	2.6	2.5	5.2	46.2	10.0
6-10시간	10.5	9.1	10.3	10.8	10.0	11.1	4.7	5.0	17.2	15.7	6.0
11-15시간	15.7	13.2	13.5	16.4	15.8	15.6	13.3	14.9	28.9	7.1	6.2
16-20시간	22.1	18.6	20.4	23.0	22.9	21.3	29.1	34.1	23.3	3.9	3.9
21-25시간	17.9	18.4	17.1	17.9	17.5	18.4	33.0	25.0	12.9	2.1	5.6

출처 : 국립교육정책연구소(2016) "대학생의 학습상황에 대한 조사 기초집계표1"

	계	국립	공립	사립	남자	여자	1학년	2학년	3학년	4학년	5/6학년
26-30시간	7.1	6.9	8.7	7.0	6.0	8.2	11.1	9.6	5.4	1.8	10.9
31시간이상	5.8	5.3	6.5	5.8	4.8	6.8	5.4	8.0	5.9	2.1	27.5
무응답/불명	0.6	0.3	0.6	0.6	0.6	0.6	0.8	0.6	0.6	0.3	0.2
합계	100	100	100	100	100	100	100	100	100	100	100

출처 : 국립교육정책연구소(2016) "대학생의 학습상황에 대한 조사 기초집계표1"

대학생(주간)의 1주일당 아르바이트/직업 근로시간 평균

(단위 : %)

	계	국립	공립	사립	남자	여자	1학년	2학년	3학년	4학년	5/6학년
0시간	32.3	34.5	30.0	31.9	35.2	29.1	34.9	27.4	29.3	33.7	73.8
1-5시간	8.8	12.4	9.5	8.0	8.9	8.8	9.2	8.8	8.3	9.0	7.9
6-10시간	14.7	16.4	14.0	14.4	13.7	15.8	15.3	16.1	15.6	12.5	8.8
11-15시간	17.6	16.4	17.4	17.9	16.1	19.2	18.4	20.6	17.7	14.8	5.3
16-20시간	13.9	11.2	15.6	14.4	13.2	14.6	12.4	15.4	15.6	13.4	2.3
21-25시간	6.6	5.0	7.4	7.0	6.6	6.7	5.7	6.6	7.1	7.8	0.5
26-30시간	2.6	2.0	3.0	2.8	2.5	2.8	2.2	2.3	2.5	3.6	0.9
31시간이상	2.7	1.6	2.4	3.0	3.1	2.2	1.2	2.2	3.0	4.5	0.2
무응답/불명	0.7	0.4	0.6	0.8	0.6	0.8	0.7	0.6	0.9	0.6	0.2
합계	100	100	100	100	100	100	100	100	100	100	100

출처 : 국립교육정책연구소(2016) "대학생의 학습상황에 대한 조사 기초집계표1"

전국 아르바이트 평균 시급

(단위 : 엔)

	北海道	東北	北関東	首都圏	甲信越·北陸	東海	関西	中国·四国	九州	三大都市圏	全国
판매·서비스	854	877	904	1,033	895	948	968	890	852	998	963
음식점	846	853	893	1,020	892	927	939	883	845	976	945
제조/물류/청소	854	876	917	1,035	891	952	973	894	855	1,000	972
사무	974	988	904	1,100	930	959	998	936	928	1,049	1,027
영업	1,178	961	927	1,185	-	1,078	1,149	1,013	1,012	1,156	1,119
전문직	962	1,056	995	1,175	1,123	1,071	1,118	988	967	1,143	1,120
전체	880	896	909	1,054	904	953	978	897	864	1,013	981

출처 : 주식회사 리크루트잡즈 내 조사연구기관 잡즈시서치센터 조사(2017년7월 기준)

취직

대학생(주간)의 1주일당 취업활동 시간 평균

(단위 : %)

	계	국립	공립	사립	남자	여자	1학년	2학년	3학년	4학년	5/6학년
0시간	87.6	93.2	87.1	86.4	87.5	87.7	98.1	97.6	71.7	82.5	88.4
1-5시간	8.3	4.5	8.5	9.2	8.1	8.5	0.5	1.0	22.2	10.0	7.7
6-10시간	1.8	1.0	2.0	2.0	1.8	1.8	0.2	0.3	3.3	3.6	1.4
11-15시간	0.7	0.4	0.7	0.8	0.8	0.6	0.1	0.1	1.0	1.6	1.6
16-20시간	0.4	0.1	0.4	0.4	0.5	0.2	0.1	0.1	0.4	0.9	0.0
21-25시간	0.2	0.1	0.2	0.2	0.1	0.2	0.0	0.0	0.2	0.3	0.2
26-30시간	0.1	0.0	0.2	0.1	0.1	0.1	0.0	0.0	0.2	0.1	0.0
31시간이상	0.1	0.1	0.2	0.2	0.2	0.1	0.0	0.0	0.1	0.5	0.0
무응답/불명	0.8	0.5	0.7	0.8	0.8	0.7	1.0	0.8	0.8	0.5	0.7
합계	100	100	100	100	100	100	100	100	100	100	100

출처 : 국립교육정책연구소(2016) "대학생의 학습상황에 대한 조사 기초집계표1"

대학졸업생의 취직률 추이(남여평균)

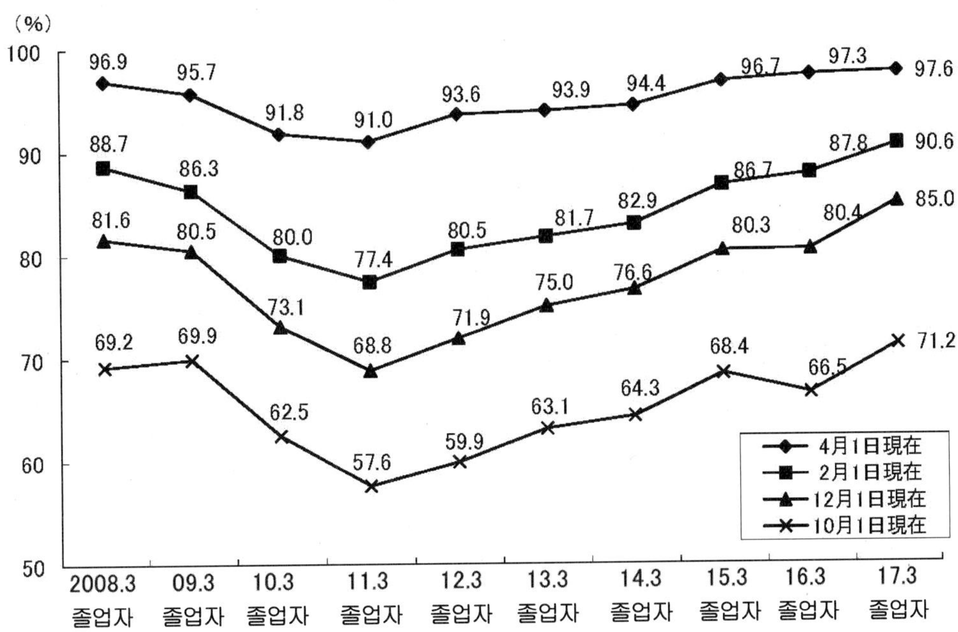

출처 : 총무성통계국(2017) "일본의 통계 2017"

대학졸업생의 취직률 추이(남학생)

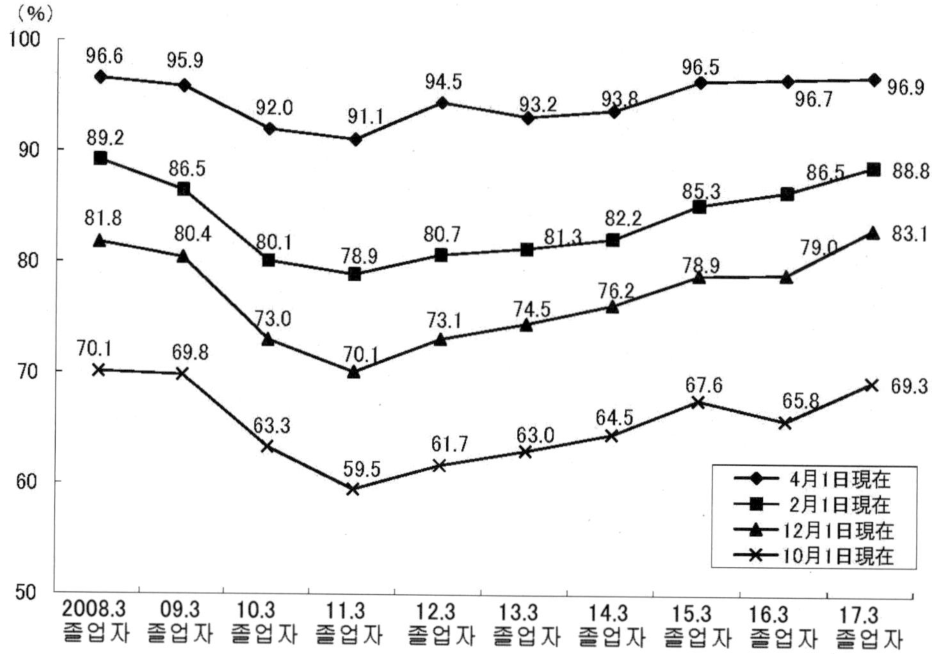

대학졸업생의 취직률(내정자) 추이(여학생)

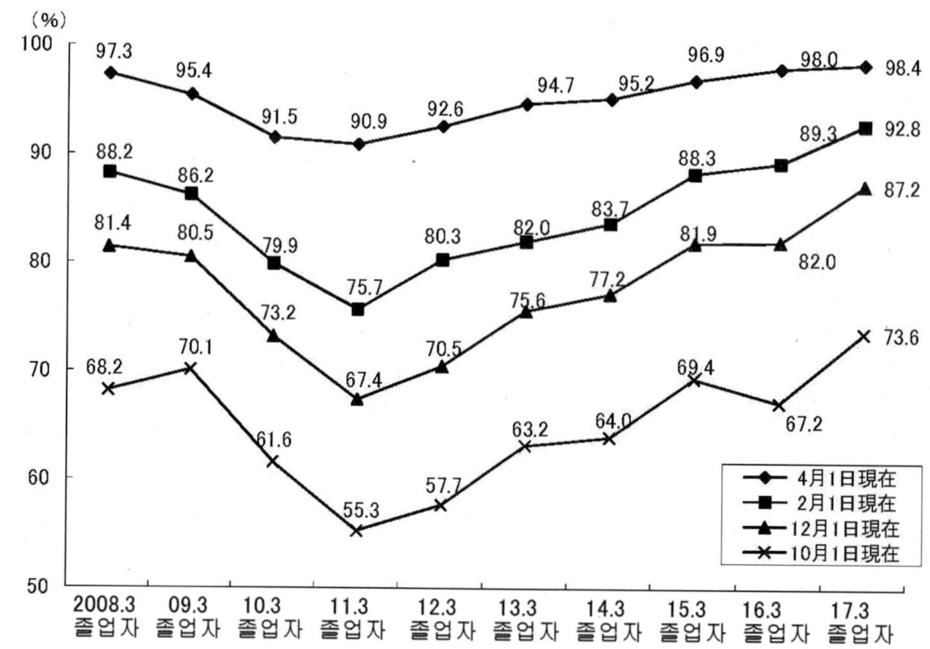

출처 : 총무성통계국(2017) "일본의 통계 2017"

■ 초임급

(2016 기준. 단위 : 엔)

남녀	대학원수사과정수료	231,400-
	대졸	203,400-
	고전·단기대졸	176,900-
	고졸	161,300-
남자	대학원수사과정수료	231,700-
	대졸	205,900-
	고전·단기대졸	179,700-
	고졸	163,500-
여자	대학원수사과정수료	229,700-
	대졸	200,000-
	고전·단기대졸	175,200-
	고졸	157,200-

출처 : 후생노동청 조사

결혼

일본 2~30대 남녀의 미혼율의 추이

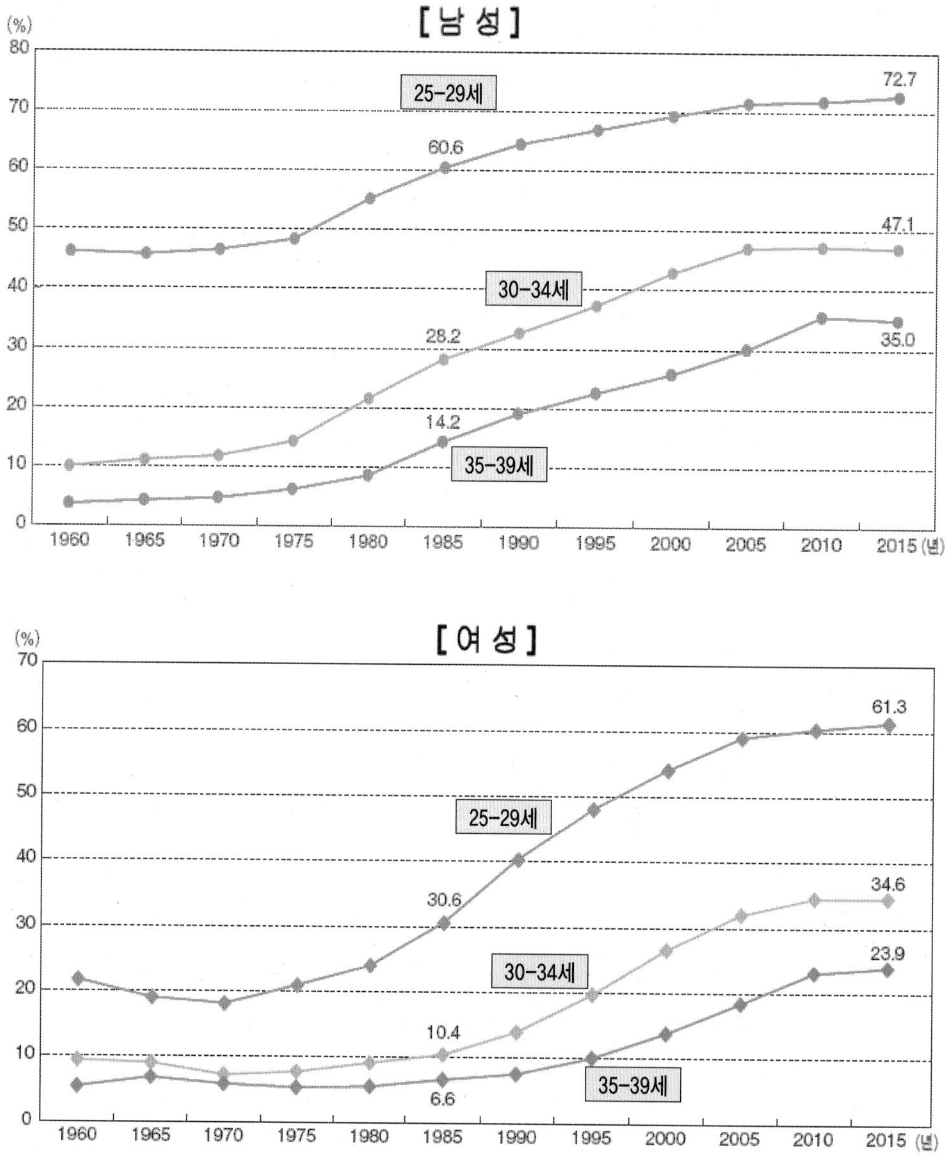

출처 : 총무성 "국세조사"

※ 20~30대의 미혼율은 남성 여성 양쪽이 다 올라가는 추세. 하지만 남녀를 비교하면 여성이 항상 남성보다 10% 정도 낮은 경향이 있다.

수입

남녀/임금/연령별 노동자수 비율(남자)

		남자									
		연령계	20~24세	25~29세	30~34세	35~39세	40~44세	45~49세	50~54세	55~59세	60~64세
		%	%	%	%	%	%	%	%	%	%
계		100.0	100.0	100.0	100.0	100.0	100.0	100.0	100.0	100.0	100.0
~119.9	(천엔)	0.7	1.3	0.7	0.4	0.4	0.4	0.3	0.5	0.7	2.4
120.0~139.9		1.2	2.8	1.2	0.7	0.5	0.4	0.6	0.8	1.2	3.8
140.0~159.9		2.5	7.9	3.1	1.4	1.0	0.8	1.0	1.3	2.1	6.9
160.0~179.9		4.2	17.0	5.6	2.8	1.6	1.4	1.5	1.8	3.0	8.4
180.0~199.9		5.7	21.7	11.3	5.0	2.9	2.3	2.4	2.4	3.3	8.2
200.0~219.9		7.3	22.2	16.2	8.3	4.4	3.3	2.8	3.0	4.2	9.2
220.0~239.9		7.6	13.0	18.0	11.0	5.8	3.8	3.3	3.6	4.2	8.0
240.0~259.9		7.5	7.1	14.3	12.6	7.4	5.0	4.1	4.1	4.5	7.2
260.0~279.9		7.0	3.2	9.9	12.3	8.9	5.7	4.5	4.3	4.8	6.5
280.0~299.9		6.5	1.6	6.8	10.7	9.1	6.4	5.2	4.5	4.9	5.7
300.0~319.9		6.1	1.0	4.6	8.6	9.3	6.8	5.6	5.0	5.6	4.8
320.0~359.9		10.1	0.7	4.5	12.1	15.2	12.7	11.3	10.2	10.8	6.9
360.0~399.9		7.9	0.3	1.6	6.6	11.4	11.2	11.2	9.9	9.4	4.7
400.0~449.9		7.7	0.1	1.0	3.6	9.1	12.7	12.4	12.2	10.4	4.2
450.0~499.9		5.4	0.1	0.3	1.9	5.6	8.6	9.3	9.6	8.5	3.0
500.0~599.9		6.5	0.1	0.5	1.4	4.6	10.2	11.8	13.1	11.0	4.3
600.0~699.9		3.0	0.0	0.1	0.5	1.5	3.9	6.2	6.8	5.9	2.6
700.0~799.9		1.5	0.0	0.0	0.2	0.7	2.0	3.1	3.2	2.7	1.6
800.0~899.9		0.7	-	0.0	0.1	0.4	0.9	1.5	1.7	1.3	0.9
900.0~		0.9	-	0.0	0.1	0.4	1.5	1.9	2.1	1.4	0.9

출처 : 총부성 통계국 "2017 일본의 통계"

남녀/임금계급/연령계급별 노동자수 비율(여자)

		여자									
		연령계	20~24세	25~29세	30~34세	35~39세	40~44세	45~49세	50~54세	55~59세	60~64세
		%	%	%	%	%	%	%	%	%	%
계		100.0	100.0	100.0	100.0	100.0	100.0	100.0	100.0	100.0	100.0
~99.9	(천엔)	1.3	0.6	0.5	0.8	1.7	1.5	1.6	1.7	2.1	2.9
100.0~119.9		3.3	1.9	1.4	1.8	2.7	3.1	3.9	5.2	5.1	9.2
120.0~139.9		6.9	5.9	4.1	4.0	5.0	6.4	8.2	9.6	10.4	16.1
140.0~159.9		10.9	14.7	7.5	7.2	7.3	9.5	10.9	13.4	14.2	17.9
160.0~179.9		12.6	23.1	13.3	9.4	8.5	9.7	11.0	10.7	11.5	12.9
180.0~199.9		12.4	20.9	16.7	12.4	9.6	8.9	9.4	9.1	9.5	9.9
200.0~219.9		11.2	15.9	16.8	12.8	9.8	9.1	8.3	7.5	8.0	5.8
220.0~239.9		9.2	8.6	14.1	12.5	10.0	7.4	7.3	6.5	5.8	4.4
240.0~259.9		7.5	4.1	10.0	11.0	9.8	7.7	6.5	5.4	5.2	3.7
260.0~279.9		5.7	2.1	6.5	8.8	8.3	6.4	5.4	4.8	4.2	2.3
280.0~299.9		4.0	0.9	3.3	5.4	6.5	5.4	4.5	4.1	3.7	1.9
300.0~319.9		3.4	0.6	2.3	4.6	5.5	5.2	4.3	3.0	3.3	2.6
320.0~359.9		4.2	0.4	2.0	4.7	6.1	7.1	5.8	5.5	4.8	2.8
360.0~399.9		2.6	0.1	0.7	2.1	3.8	4.5	3.7	4.3	3.7	1.7
400.0~449.9		1.9	0.1	0.3	1.2	2.3	3.3	3.6	3.6	2.9	1.6
450.0~499.9		1.0	-	0.1	0.4	1.2	1.8	1.9	2.2	1.5	0.9
500.0~599.9		1.1	-	0.3	0.6	1.0	1.4	2.2	2.1	2.2	1.8
600.0~699.9		0.4	-	0.0	0.1	0.4	0.7	0.9	0.7	1.0	0.9
700.0~799.9		0.2	-	0.0	0.0	0.2	0.5	0.3	0.2	0.3	0.5
800.0~		0.3	-	0.0	0.1	0.2	0.4	0.4	0.5	0.6	0.3

출처 : 총부성 통계국 "2017 일본의 통계"

1000세대 당 내구소비재 소유율(2014기준)

(2명 이상의 세대)

품목	소유수량	품목	소유수량
전자레인지	1,044	자동차	1,377
냉장고	1,218	스마트폰	1,105
전기청서기	1,419	핸드폰	1,207
세탁기	1,064	TV	2,162
에어컨	2,723	VTR/DVD재생기	1,185
장롱	2,803	컴퓨터(데스크톱)	467
식탁/의자세트	824	컴퓨터(노트북)	872
찬잔	1,103	태블릿	272
침대/소파침대	1,482	카메라	1,348

출처 : 총무성통계국 "전국소비실태조사결과"

생애임금(만 60세까지 ※ 퇴직금 미포함, 2013년)

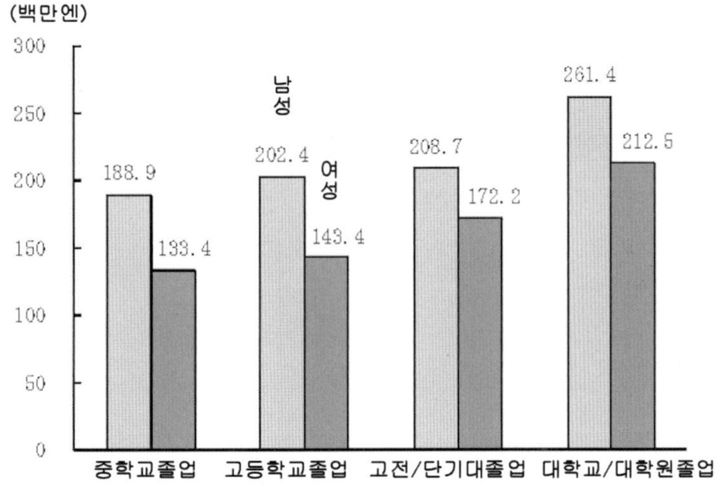

출처 : 총부성 통계국 "2017 일본의 통계"

※ 학교 졸업 후 바로 취직하고, 60세에 정년퇴직될 때까지 계속 전일제 근무의 정규직으로 일 할 경우(동일 기업체가 아닐 수도 있다)

기업규모별 생애임금

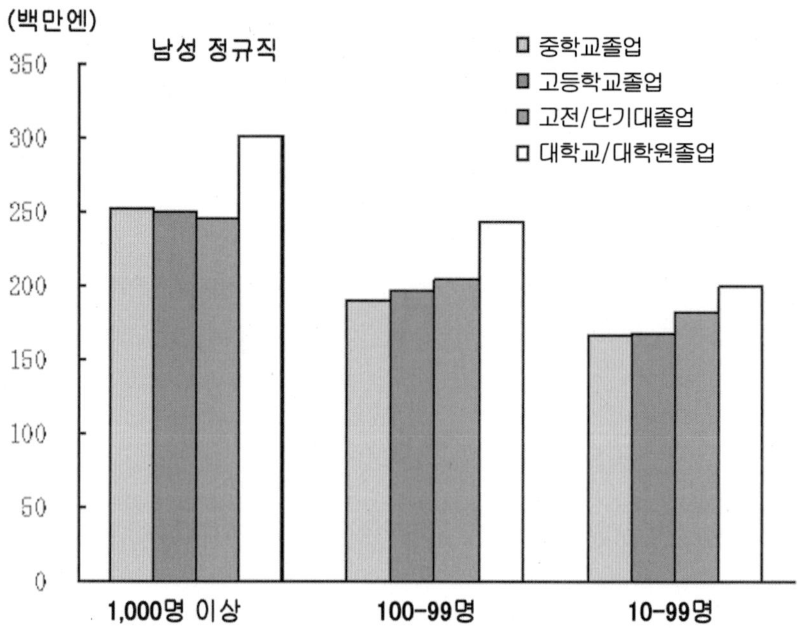

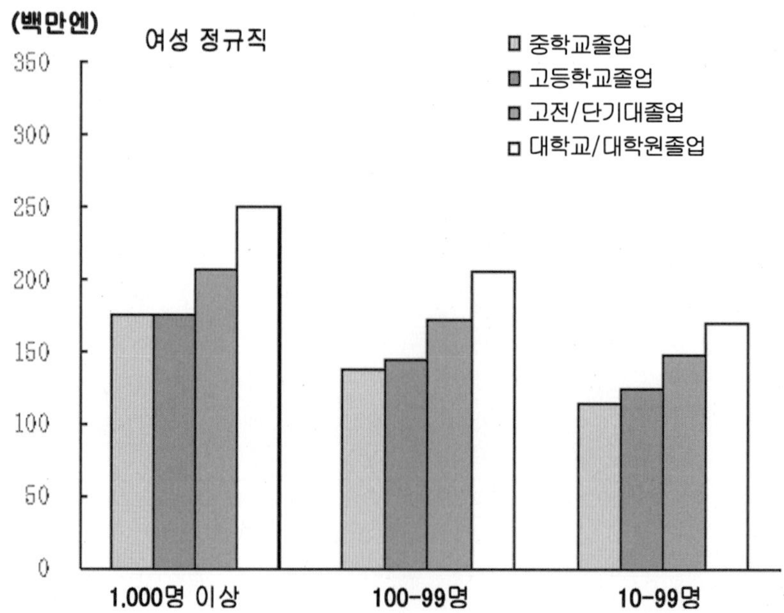

출처 : 총부성 통계국 "2017 일본의 통계"

1세대당 1개월간의 수입과 지출(모든 세대)

(단위 금액 엔)

항목	2014년 평균	2015년 평균	근로자세대					
				연간 수입 5분위 계급별				
				I ~352 만엔	II 352~489 만엔	III 489~648 만엔	IV 648~845 만엔	V 845만엔~
세대수분포	10,000	10,000	10,000	2,000	2,000	2,000	2,000	2,000
세대인원	2.41	2.38	2.71	1.66	2.45	2.95	3.13	3.38
취업자 수	1.07	1.09	1.52	1.17	1.38	1.55	1.63	1.90
세대주의 연령	58.3	58.9	46.9	44.5	45.0	46.7	48.0	50.2
실 수입	…	…	469,200	232,849	333,716	429,418	555,281	794,736
세대주의 직장수입	…	…	384,487	202,032	279,539	352,237	463,423	625,206
세대주의 배우자의 직장수입	…	…	46,406	4,339	18,083	37,461	51,029	121,118
소비 지출	251,481	247,126	276,567	164,331	221,461	262,072	323,535	411,437
식료	60,272	61,833	66,217	43,218	57,360	63,923	74,578	92,005
주거	19,069	18,690	21,757	22,967	24,408	21,283	21,327	18,798
광열·수도	20,129	19,558	19,150	12,755	16,995	19,588	21,677	24,734
가구·가사용품	8,823	8,545	8,913	4,420	6,601	8,861	10,106	14,580
피복·신발	10,269	9,832	12,192	6,795	9,672	10,428	13,599	20,463
보건의료	11,031	10,906	9,472	6,445	7,380	9,635	10,419	13,484
교통·통신	35,080	33,436	43,080	23,366	34,877	43,333	52,489	61,336
교육	7,576	7,521	13,083	2,003	6,206	10,760	17,616	28,827
교양오락	25,928	24,980	27,486	15,384	19,766	25,777	33,030	43,474
그외 기타 소비지출	53,305	51,826	55,218	26,977	38,197	48,485	68,694	93,736
가처분소득	…	…	381,193	197,942	281,013	354,323	449,353	623,334
평균 소비성향	…	…	72,6	83,0	78,8	74,0	72,0	66.0

출처 : 총부성 통계국 "2017 일본의 통계"

연간 수입 5분위 계층별 1세대당 1개월간의 지출 (2인 이상의 세대)

(단위 금액 엔)

항목	2014년	2015년 평균	연간 수입 5분위 계층별				
			I ~352 만엔	II 352~489 만엔	III 489~648 만엔	IV 648~845 만엔	V 845 만엔~
세대수 분포	10,000	10,000	2,000	2,000	2,000	2,000	2,000
세대인원	3.03	3.02	2.48	2.71	3.08	3.36	3.45
취업자 수	1.31	1.35	0.72	0.95	1.46	1.69	1.92
세대주의 연령	58.3	58.8	66.9	63.6	56.7	52.8	54.2
소비 지출	291,194	287,373	196,333	238,720	270,131	320,805	410,878
식료	69,926	71,844	56,290	64,155	69,107	76,687	92,980
주거	17,919	17,931	14,591	17,438	17,716	21,500	18,409
광열·수도	23,799	23,197	20,593	21,927	22,811	23,861	26,792
가구·가사용품	10,633	10,458	7,421	8,940	10,125	10,457	15,345
피복·신발	11,983	11,363	5,212	7,499	9,809	13,118	21,178
보건의료	12,838	12,663	10,693	12,296	12,401	12,315	15,608
교통·통신	41,912	40,238	23,031	30,928	39,042	50,443	57,746
교육	10,936	10,995	2,004	3,471	8,524	16,209	24,768
교양오락	28,942	28,314	17,466	21,823	26,150	32,559	43,572
기타 소비지출	62,305	60,371	39,033	50,242	54,445	63,655	94,479

출처 : 총부성 통계국 "2017 일본의 통계"

사망

일본인의 평균 수명은 2016년 기준으로 남자 81.98세 여자 87.14세로 긴 편이다.

연령별 사망률과 평균여명(남자)

남자								
나이	사망율	평균여명	나이	사망율	평균여명	나이	사망율	평균여명
0 (주)	0.00069	80.98	31	0.00059	50.66	71	0.01858	14.98
1	0.00010	81.01	32	0.00061	49.69	72	0.02031	14.25
2	0.00005	81.00	33	0.00064	48.72	73	0.02225	13.54
3	0.00005	80.99	34	0.00067	47.75	74	0.02433	12.84
4	0.00022	80.97	35	0.00071	46.78	75	0.02680	12.14
2 (월)	0.00014	80.90	36	0.00075	45.81	76	0.02976	11.46
3	0.00032	80.83	37	0.00080	44.85	77	0.03321	10.80
6	0.00036	80.61	38	0.00085	43.88	78	0.03722	10.15
0 (년)	0.00194	80.98	39	0.00090	42.92	79	0.04182	9.53
			40	0.00098	41.96	80	0.04718	8.92
1	0.00031	80.14	41	0.00108	41.00	81	0.05342	8.34
2	0.00021	79.16	42	0.00119	40.04	82	0.06061	7.78
3	0.00014	78.18	43	0.00130	39.09	83	0.06864	7.25
4	0.00010	77.19	44	0.00143	38.14	84	0.07760	6.74
5	0.00009	76.20	45	0.00159	37.20	85	0.08752	6.27
6	0.00009	75.20	46	0.00175	36.25	86	0.09811	5.82
7	0.00008	74.21	47	0.00195	35.32	87	0.10963	5.40
8	0.00007	73.22	48	0.00217	34.38	88	0.12215	5.00
9	0.00007	72.22	49	0.00240	33.46	89	0.13580	4.63
10	0.00007	71.23	50	0.00264	32.54	90	0.15129	4.28
11	0.00007	70.23	51	0.00289	31.62	91	0.16763	3.95
12	0.00008	69.24	52	0.00314	30.71	92	0.18517	3.65
13	0.00010	68.24	53	0.00342	29.81	93	0.20397	3.37
14	0.00013	67.25	54	0.00376	28.91	94	0.22407	3.11
15	0.00017	66.26	55	0.00415	28.02	95	0.24552	2.86
16	0.00021	65.27	56	0.00457	27.13	96	0.26834	2.64
17	0.00026	64.28	57	0.00506	26.25	97	0.29255	2.43
18	0.00031	63.30	58	0.00559	25.38	98	0.31817	2.23
19	0.00038	62.32	59	0.00613	24.52	99	0.34518	2.06
20	0.00045	61.34	60	0.00670	23.67	100	0.37355	1.89
21	0.00049	60.37	61	0.00735	22.83	101	0.40323	1.74
22	0.00050	59.40	62	0.00809	21.99	102	0.43414	1.59
23	0.00051	58.43	63	0.00895	21.17	103	0.46618	1.46
24	0.00051	57.46	64	0.00989	20.35	104	0.49920	1.34
25	0.00052	56.49	65	0.01092	19.55	105 ~	1.00000	1.23
26	0.00053	55.51	66	0.01205	18.76			
27	0.00054	54.54	67	0.01319	17.99			
28	0.00055	53.57	68	0.01435	17.22			
29	0.00056	52.60	69	0.01563	16.46			
30	0.00058	51.63	70	0.01702	15.72			

출처 : 총부성 통계국 "2017 일본의 통계"

연령별 사망률과 평균여명(여자)

여 자								
나이	사망율	평균여명	나이	사망율	평균여명	나이	사망율	평균여명
0 (週)	0.00069	87.14	31	0.00030	56.62	71	0.00776	19.12
1	0.00009	87.18	32	0.00032	55.64	72	0.00858	18.27
2	0.00006	87.17	33	0.00034	54.66	73	0.00954	17.42
3	0.00005	87.15	34	0.00038	53.67	74	0.01059	16.58
4	0.00024	87.14	35	0.00042	52.69	75	0.01187	15.76
2 (月)	0.00016	87.07	36	0.00045	51.72	76	0.01341	14.94
3	0.00035	87.00	37	0.00048	50.74	77	0.01527	14.14
6	0.00034	86.78	38	0.00051	49.76	78	0.01754	13.35
0 (年)	0.00198	87.14	39	0.00055	48.79	79	0.02012	12.58
			40	0.00060	47.82	80	0.02308	11.82
1	0.00029	86.31	41	0.00066	46.84	81	0.02651	11.09
2	0.00019	85.33	42	0.00073	45.87	82	0.03061	10.38
3	0.00012	84.35	43	0.00079	44.91	83	0.03542	9.69
4	0.00009	83.36	44	0.00085	43.94	84	0.04094	9.03
5	0.00007	82.37	45	0.00093	42.98	85	0.04715	8.39
6	0.00007	81.37	46	0.00103	42.02	86	0.05407	7.78
7	0.00006	80.38	47	0.00113	41.06	87	0.06208	7.20
8	0.00005	79.38	48	0.00125	40.11	88	0.07151	6.64
9	0.00006	78.39	49	0.00138	39.16	89	0.08251	6.11
10	0.00006	77.39	50	0.00151	38.21	90	0.09489	5.62
11	0.00007	76.40	51	0.00166	37.27	91	0.10875	5.15
12	0.00007	75.40	52	0.00179	36.33	92	0.12527	4.72
13	0.00007	74.41	53	0.00191	35.39	93	0.14402	4.32
14	0.00008	73.41	54	0.00201	34.46	94	0.16389	3.97
15	0.00009	72.42	55	0.00213	33.53	95	0.18406	3.65
16	0.00011	71.43	56	0.00227	32.60	96	0.20486	3.36
17	0.00012	70.43	57	0.00245	31.67	97	0.22628	3.10
18	0.00013	69.44	58	0.00265	30.75	98	0.24830	2.86
19	0.00014	68.45	59	0.00286	29.83	99	0.27090	2.65
20	0.00016	67.46	60	0.00306	28.91	100	0.29406	2.45
21	0.00019	66.47	61	0.00327	28.00	101	0.31776	2.27
22	0.00022	65.48	62	0.00350	27.09	102	0.34194	2.11
23	0.00024	64.50	63	0.00378	26.18	103	0.36659	1.96
24	0.00025	63.51	64	0.00411	25.28	104	0.39165	1.82
25	0.00026	62.53	65	0.00449	24.38	105 ~	1.00000	1.70
26	0.00025	61.55	66	0.00493	23.49			
27	0.00025	60.56	67	0.00539	22.61			
28	0.00025	59.58	68	0.00589	21.73			
29	0.00027	58.59	69	0.00645	20.85			
30	0.00028	57.61	70	0.00707	19.98			

출처 : 총부성 통계국 "2017 일본의 통계"

탄생(최근에 태어난 아이들)

2015년 출생률 1.46명(여성 한 사람이 낳는 아이의 수)1974년부터 하락

출생수 1,005,677(남 515,452, 여 490,225)명 전년도비 2.138%증가

출생수 및 출생률의 연차추이

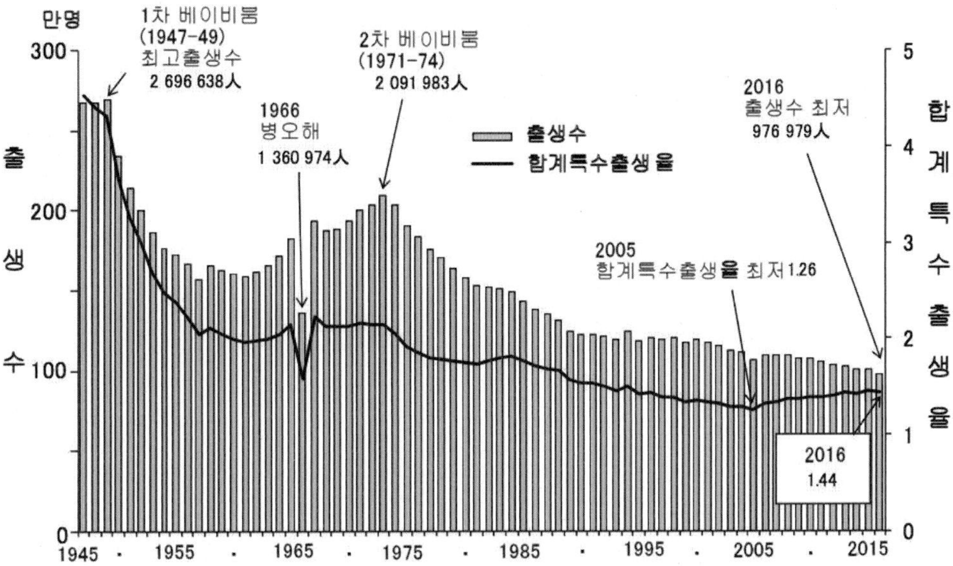

출처 : 후생노동성 "인구동태통계"

2016년도 인구 구성

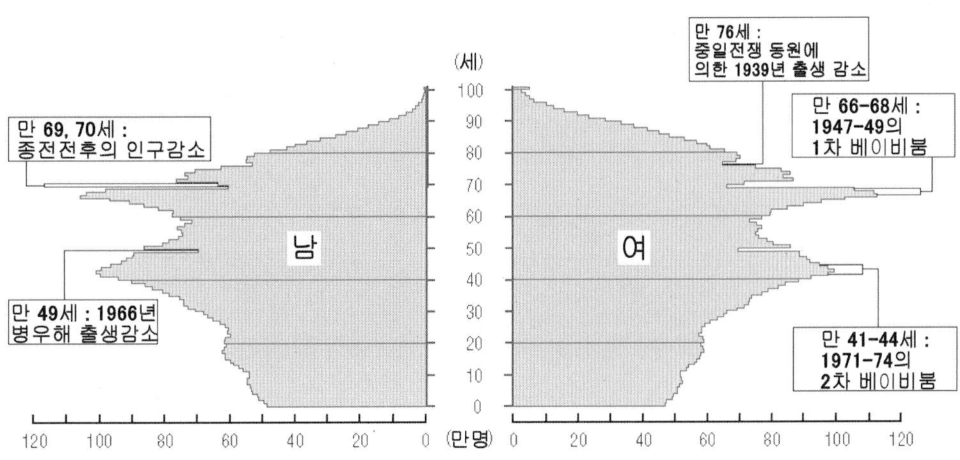

출처 : 총부성 통계국 "2017 일본의 통계"

모친의 연령, 가족구성

평균초혼연령과 평균출산연령의 추이

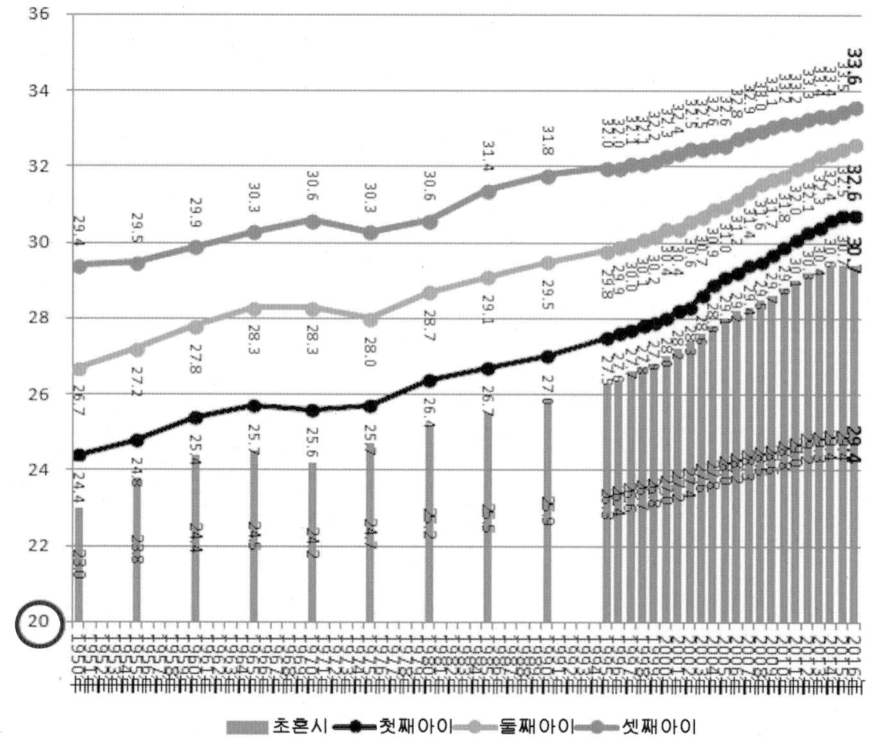

맞벌이 가구수의 추이

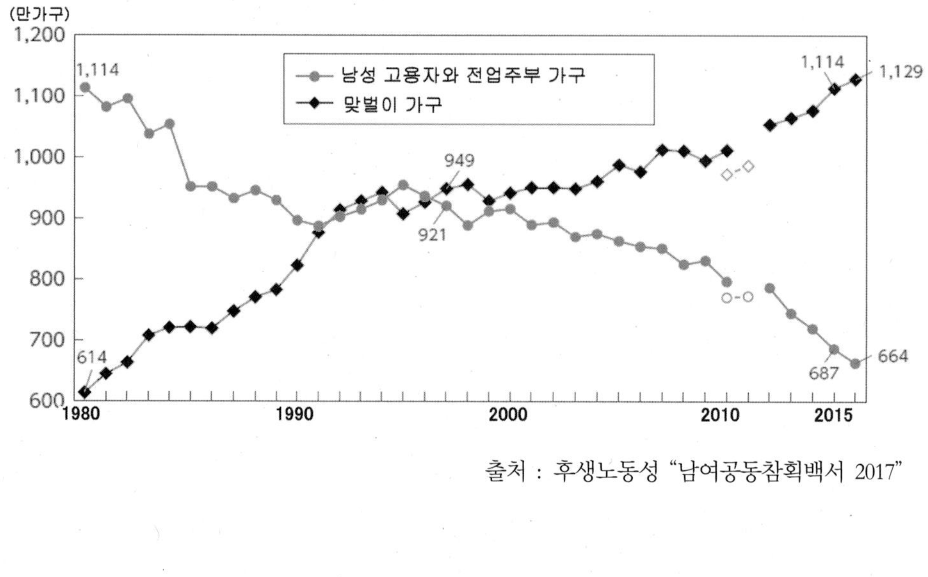

출처 : 후생노동성 "남여공동참획백서 2017"

초·중등학교 입학

학급편제표준 및 1학급당 평균학생수 (2011.5.1.기준)

단위(명)

	표준	평균
특별지원학교 (초·중등학부)	6	3
특별지원학급 (초·중등학교)	8	3
소학교·중학교	40 (초1은35)	초 : 28 중 : 33

출처 : 문부과학성 "2014년 아동학비조사"

유치원(만3세)부터 고등학교3학년까지 15년간 학비총액

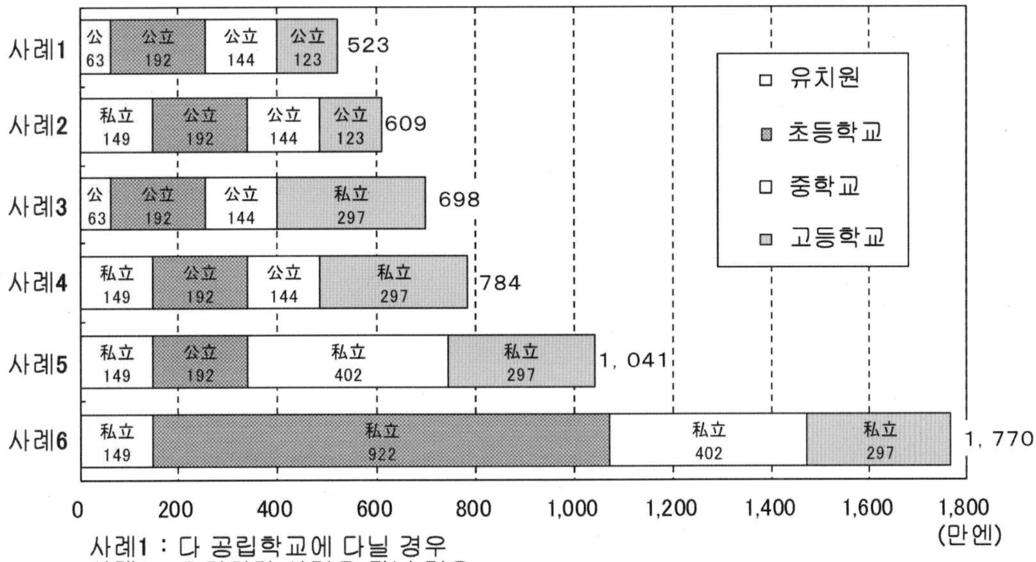

사례1 : 다 공립학교에 다닐 경우
사례2 : 유치원만 사립을 다닌 경우
사례3 : 고등학교만 사립학교에 다닌 경우
사례4 : 사립유치원과 사립고등학교를 다닌 경우
사례5 : 초등학교(소학교)만 공립학교를 다닌 경우
사례6 : 모두 사립을 다닌 경우

출처 : 문부과학성 "2014년 아동학비조사"

- 공립학교와 사립학교의 학습비 차이는 사립은 공립에 비해 유치원 2.2배, 초등학교 4.8배, 중학교 2.8배, 고등학교 2.4배.

학교수와 학생 전체수 중 사립학교의 비율

(단위 : %)

	학교수	학생수
유치원	63.1	82.7
초등학교	1.1	1.2
중학교	7.4	7.0
고등학교(주간)	27.5	32.0

출처 : 문부과학성 "2014 학교기본조사보고서"

■ 유치원입원(만3세)부터 고등학교 3학년 졸업까지 15년간 각 학년의 "학습비 총액"을 합하면 모두 공립학교에 다닌 경우에는 약 523만엔(전년도 2012년에는 약 500만 엔, 모두 사립학교에 다닌 경우에는 약 1,770만엔(전년도 1,677만엔)으로 약 3.38배(전년도는 3.36배)의 차이가 난다.

일본인의 일반적인 경제생활 복습

1. 2015년 일본의 여성 한 사람이 낳는 아이의 수인 출생률은 (   ) 명으로 1974년부터 계속 하락하고 있다. 모친의 평균연령은 (   ) 세이다.

2. 부부의 근로형태는 일하는 남자와 종업주부로 구성된 세대가 (   ) 년도까지는 맞벌이 부부보다 많았는데 (   )년도에 역전됐고 현재는 맞벌이 부부가 더 많다.

3. 초등학교 입학 전의 아이들은 (   )살부터는 대부분이 보육소나 유치원에 다니고 있고 그 이전의 아이들 중 보육소에 들어가는 아이는 (   )% 정도이다.

4. 초·중고등학교의 학비는 공립학교의 경우 각 약 (   )만엔, 약 (   )만엔, 약 (   )만엔, 사립학교의 경우 각 약 (   )만엔, 약 (   )만엔, 약 (   )만엔으로, 공립학교와 사립학교의 학습비 차이는 사립은 공립에 비해 초등학교 4.8배, 중학교 2.8배, 고등학교 2.4배가 되고, 유치원입원(만3새)부터 고등학교 3학년 졸업까지 15년간 각 학년의 "학습비 총액"을 합하면 모두 공립학교에 다닌 경우에는 약 (   )만엔, 모두 사립학교에 다닌 경우에는 약 (   )만엔으로 약 3.38배의 차이가 난다.

5. 2015년의 고등학교진학률은 (   )%, 대학진학률은 (   )%로 대학의 학비는 공립대학의 경우 약 (   )만엔, 사립대학의 경우 (   )만엔이다.

6. 취업자의 초임급은 고등학교 졸업자가 (   )만엔, 고전/단기대학 졸업자가 (   )만엔, 대학 졸업자가 (   )만엔, 대학원 석사 졸업자가 (   )만엔이다.

7. 독신남녀의 미혼률은 해마다 증가하고 있고, 2015년 30～34세 미혼률은 남자 (　　)%, 여자 (　　)%, 35～39세는 남자 (　　)%, 여자 (　　)%가 된다.

8. 생애임금(태어나서 죽을 때까지 받는 임금의 합계)는 고등학교 졸업의 경우 남자 약 (　　)엔, 여자 약 (　　)엔, 대학교 졸업의 경우 남자 약 (　　)엔, 여자 약 (　　)엔이 된다.

10. 한일경제관계사

2차대전 이후,

한국과 일본이 교류를 다시 시작하면서

경제적으로 어떤 관계를 맺고 왔는지에

대해서 알아보기로 한다.

1. 1945~1965 공백기(종전/광복~국교 정상화)
2. 1965~1985 국가간 교류의 시기
3. 1985~2005 교류의 확대기
4. 2005~현재 전환기

1. 종전/광복에서 한일 국교 정상화까지(1945~1965)

미국을 통한 안정과 국가 재건의 시기

■ 한일 합방 : 35년간에 걸친 일본의 한국(조선)통치 (1910~45년)
많은 조선의 우파들은 강점기에 친일파로 전향

■ 제2차 대전의 끝(종전) : 일본에서의 해방(광복)

1948.8.15. 대한민국 수립(초대 이승만 대통령)
9. 9. 조선민주주의인민공화국(북한) 성립(김일성 수상)

■ 남북분단
남과 북은 한반도 통치의 정통성/정체성을 다투는 과계로
강점기에 조선독립을 원했던 좌파는 북으로. 우파들은 친일파로 전향하거나 해외 탈출
→ 이승만은 정치가/고급관료로는 우파 독립운동가들을 채용하면서 경찰/군인/관료로는 친일파들을 다수 채용

■ 이승만 정권의 기본 방침
한국의 정치적 정통성은 반일
국가기반의 구축이 최우선(하지만 **경제적으로 일본에 종속되는 우려**)
→ **미국의 지원으로 국가재건에 추력**

■ 경제구조 : 미국의 지원물자를 가공하여 수출/국내 판매하는 경공업과 1차 산품(김, 생사(生糸), 철광석)을 일본에 수출

1950.6.25 6·25동란(~53) → 한반도 미군 파병과 미국의 일본 통치방침이 변화
냉전(민주주이 국가들과 공산주의 국과들과의 긴장이 고조)
→ 미국은 한일에 대한 지원을 줄이고 자립시키는 방향으로 전환

한일 양국을 극동의 민주주의를 지키는 기반으로(공직에서 물려난 한일내의 우파들을 채용)

샌프란시스코 강화조약(1951체결, 1952시행) : 미국의 일본통치 끝
이승만 대통령은 일본강점기의 청구배상을 위해 샌프란시스코 평화회의 참여를 요청했으나 거부당했다.(식민지를 다수 보유 했던 영국이 반대)

→ 한일 국교정상화를 의한 예비회담 시작(1차 1951.10~12)
(→ 일본은 6.25 특수로 경제부흥(이자나기경기))
(→ 한국은 월남 전쟁(1964~1975) 특수로 경제부흥)
→ 냉전체제의 심화
→ 전략/경제적으로는 한국과 일본과의 협력이 필요
(미국은 부흥한 일본의 경제권 안에 한국을 자리매김 → 이승만이 반발)

1960. 4.19. 4월혁명(이승만 사퇴)
1961. 5.16. 박정희의 군사 쿠데타
1962. 3.22. 윤보선 대통령에서 하야
1963.10.15. 대통령선거로 박정희 당선

- 박정희 정권의 기본 방침

반공(냉전체제의 유지)
민주화보다 안보/경제개발이 최우선(개발독재)
권위주의적인 성격으로 국내의 반대세력(민주화세력 포함)을 억압

한일 국교 정상화를 위한 예비회담

1차(1951.10~12)에서 7차(1964.12~65.6)까지 14년의 협상 끝에 채결
1~4차 이승만–요시다, 이시바시, 기시
5차 윤보선–이케다
6~7차 **박정희**–이케다, **사토**)

■ 협정의 중심과제 : 한일합병의 정당성(역사인식), 배상청구권, 어업권 등

① 합병의 정당성(역사인식) : 한국(무효), 일본(국제법에 따른 정당한 것)

② 청구권 : 한국(배상), 일본(한반도에 놔두고 온 재산의 분할)

③ 어업권 : 어업이 가능한 범위

■ 한일 청구권 논의의 추이

1949 대일배상요구조서 : 현물(금/은, 서적, 미술·골동품, 선박)과 21억$

1951~64 예비회담

한국 : 8억$(법적근거가 있는 배상) 요구

일본 : 6000억$(강점기에 정비한 인프라, 일본인재산 등) 요구

1965.6.22. 한일기본조약 조인(한일 국교 정상화)

한일기본조약의 결과 :

일본 측 요구는 무효, 일본이 한국에 경제지원 명목으로 배상금 제공

무상제공 3억$

정부개방지원(차관 **2억$**, 연리 3.5 %, 7년 거치 **20년 상환**)

민간 상업차관(**3억$+**$\alpha$)

※ 지원금 중 1억2천$은 포항제철(현 POSCO) 건설비용

(경공업 중심에서 중공업화의 기반)

→ 한국 : 배상금으로 수령, 일본 : 경제협력금으로 지불

각국 지도자는 국민에게 다르게 설명

※ 역사인식 문제, 영토(독도)문제 등은 '관리' 대상(보류)

미국의 관리/관여를 받으며 국가의 부흥/재건에 주력한 시기

양국은 강하게 대립하다가 미국 주도로 국가가 협정체결 (국민은 무시)

2. 국가간 교류기(1965~1985)

한국은 일본의 배상/경제지원과 월남전쟁(1964~1975) 특수로 경제 부흥

→ 경제구조의 변화

(1차산품 중심에서 공업화, 일본에서 원재료를 수입해서 제품으로 가공하여 미국 등에 수출)

→ 한국의 대일무역수지는 적자로(대일 종속이 심화)

(→ 박정희 정권은 일본인들의 직접투자를 제한(차관중심))

(→ 기술이전 효과가 없음)

→ 일본우파는 한국, 좌파는 북한정부의 정통성을 인정

→ 한국정부는 일본 내 친한파(일본우파)와 연대 강화**(한일유착의 시작)**

일본 좌파를 친북 세력으로 간주

(※ 단 일본우파는 역사인식에 대한 문제의식이 없다.

→ 한일 보수 세력의 인식차이로 남음)

→ 한일 간 인적교류는 늘어났으나 비즈니스 중심

(일 → 한관광객 증대, 한 → 일 한정(88년까지))

1968.4. 포항종합제철(주) 설립

1970.4.1. 포항제철소 착공

2000.9. 정부 지분을 매각 민영화, 2002.3 POSCO로 개칭

1970.5. 마산 수출자유지역공업단지 조성(~1973.1.)

한국 최초의 외국인 전용산업단지로 각종 인센티브를 주고 외국자본을 유치, 투자 건수/규모 80~90%를 일본기업이 차지

(관련법 개정으로 현재는 마산자유무역지역으로 개칭)

1971　미국이 주한 미군 2만명 삭감(월남전의 영향)

1972.2.　미국 닉슨 대통령이 중국 방문(미중화해)

1972.9.　일본 다나카 수상이 중국 방문(중일국교 정상화)

→ 미국, 일본은 디만을 버림

(한국에서는 안보에 대한 불안감 증대)

→ 한국은 미군에 대한 의존도를 낮추고 "자주국방"을 지향

→ 한국이 냉전체제에서 극동지역에 민주주의의 방패로

1972　박정희 유신체제[1] 선포

1973　김대중 납치사건[2]

---

1 1972.10.17.에 박정희 대통령이 헌법 정지, 12월에 새롭게 유신헌법을 선포. 박대통령이 반영구적으로 대통령으로 군림하는 유신체제가 성립.

2 1973.8.8.에 당시 미국과 일본을 왕래하며 민주화운동을 하던 김대중이 도쿄의 그렌드 팔레스 호텔에서 한국 정보기관 요원 5명에게 납치, 수장(水葬) 직전 극적으로 구출된 사건. 일본 국내에서 정부간 사전 협의 없이 한국의 요원들이 활동한 일이 밝혀지자 한일간의 외교문제가 되었고, 김정필 수상이 일본을 방문하고 사과를 했다.

1974.8.15. 문세광 사건[3]

→ 한일 관계 동요

→ 1975 미야자와 일본 외상 방한. 두 사건을 정치문제화 안하는 것으로 합의

1976 미국 카터 대통령 당선(주한 미군철수를 공약)

월난전의 부담, 일본이 경제적인 경쟁상대로 서서히 부각 등으로 미국의 아시아 관여 축소의 움직임

→ 한일국회의원연맹이 공동으로 미군철수에 반대

(카터는 80년대 말까지 미군 주둔 기한을 연장)

→ 한일 정치(안보)/경제 협력관계 강화

한일(일한)의원연맹, 한일(일한)협력의원회가 큰 역할

(한일유착 : 일본의 경제협력금이 불투명한 정치자금이 되어 양국 간을 왕래, 양국의 체재를 지탱하는 관계)

1979.10.26. 박정희 암살과 계엄령 선포(제주도 제외)

12.12. 전두환 구데타

(1979.12. 소련이 아프가니스탄 침공 → 미국 카터 "신냉전" 선언)

(1980.5.17. 한국의 비상계엄령 전국에 확대)

(5.18. 광주민주화항쟁)

(9. 1. 전두환 대통령 취임)

(9.17. 김대중 사형선고 → 일본 미국 등이 구명운동)

---

3 1974.8.15. 광복절 29주년 기념식에서 일본인 VIP로 의장한 일본태생의 재일교포 2세인 문세광이 박대통령 암살을 시도한 사건. 박대통령은 무사했으니 영부인인 육영수 여사가 총탄을 맞아 희생되었다. 사용된 권총이 일본 경찰로부터 강탈된 것인 점, 범인이 위장 일본 여권으로 한국에 입국한 점 등, 북한(조총련)의 수행으로 간주한 한국과 김대중 남치 사건에 대한 불만의 표출이며 북한의 소행이 아니다는 일본이 조사결과가 놓고 마찰을 일으켰다. 박정희 저격미수사건, 팔일오저격사건이라고도 한다

전두환 정권의 기본방침

반공 / 경제발전 / 극일(克日)
극동지역 안전보장상의 한국의 역할을 강조
미국과 합의해서 일본의 경제협력을 요청

1981.4. 한국정부는 100억$의 공적차관제공을 일본에 타진
(이유)
· 한국이 공산주의 국가들로부터 일본을 방위
· 대일적자의 증대
→ 일본 스즈키 내각은 주저 (외교적으로 온건파)

1982.6. 1차 교과서 문제[4]
(→ 한국은 독립기념관 건립을 추진 → 1987 개관)

1982.11. 나카소네 정권 성립
나카소네 야스히로 수상 : 군인출신으로 반공주의자

1983.1.11. 일한정상회의(서울 개최)
일본 수상의 첫 공식방문 : 만찬회에서 양국 역사에 "유감"의 뜻 표명

■ 특별경제협력금

총액 40억$ (7년 차관, 정부개발원조 18.5억$, 수출입은행융자 21.5억$)
생활기반 정비(서울지하철, 의료, 교육, 연구, 상하수도, 폐기물 처리 등)

---

[4] 1982.6.26.에 일본의 각 신문사가 "문부성(현 문부과학성)이 1981년도에 실시된 교과서 검정에서 고등학교 일본사(국사)교과서의 표기 중 (일본에 의한) 중국 '침략'을 '진출'로 "3.1 독립운동"을 "폭동"으로 수정하도록 지시를 했다"고 보도. 이에 중국/한국의 항의로 외교 문제화된 일. 일본은 1982.11에 교과서검정기준에 "근린 아시아 국가들 간에 일어난 근현대의 역사적 사건 취급에 국제이해와 국제협조의 견지에서 필요한 배려"를 하야한다는 규정을 만들게 되었는데 조사결과 보도내용 자체가 오보로 그러한 사실이 없었던 것이 밝혀졌다.

1984 전두환 대통령 첫 방일

천황 주최의 궁중 만찬회에서 천황이 양국 역사에 **"유감"**의 뜻 표명

→ 일본 언론은 전두환을 우호적인 대통령으로 보고 환영 무드

→ 통제된 한국 주요언론은 새로운 한일 관계의 출발로 평가

→ 새로운 한일(미) 국가 간 관계 구축

(종래의 유착인맥은 사라진 상태)

(여전히 양국의 국민정서와는 거리가 있는 상태)

국가간 교류로 경제관계가 확대(한일유착)

한국의 민주화 움직임에 호응해 민간 교류가 싹트기 시작

3. 교류의 확대기(1985~2005)

(일본)

1985.9 플라자 합의에 의한 엔고

→ 일본기업의 해외진출 / 일본인들의 해외여행 붐

→ 관민의 국제화 사업 확대

1986 2차 교과서문제[5]

1987 다케시타 정권 "지방의 국제화"

1988. 9. 일본공산당이 "한국정부 인정"을 표명

(1989. 1. 쇼와천황 서거)

1989.12. 사회당이 "한국을 국가로 인식", "한일기본조약을 지지"

5 우파단체인 "일본을 지키는 국민회의"가 편집한 『신편 일본사』사 교과서검정을 통과된 것이 보도가 되자 한국의 반발을 받은 수상이 문부성에 추가 수정을 하게 한 일.

(한국)

1987	민주화항쟁
→	여당 민정당 노태우 대표의 "민주화 선언"
→	대토령 직접선거제도로 개헌
→	노태우가 신대통령으로 당선
1988	서울 올림픽
	지방자치법 개정(관선 → 민선)
1989	국외여행자유화
(1989.11.	동서독일 간의 베를린의 벽이 붕괴)
(1989.12.	몰타 회담(미국 소련 정상회담) → "냉전 체제의 종식 선언")

※ 일본이 한국을 보는 시각 : (우파) 독제 → 민주화된 새로운 우호국
(좌파) 민주화된 한국정부의 정통성을 인정

※ 한국이 일본을 보는 시각 : (우파) 극일(克日)의 대상 / 반공을 위한 우호국
(좌파) 미일은 민주화 단압을 묵인 / 정권과 유착

→ 지자체 간 / 민간인 간의 교류가 확대

한일간 방문자수의 추이

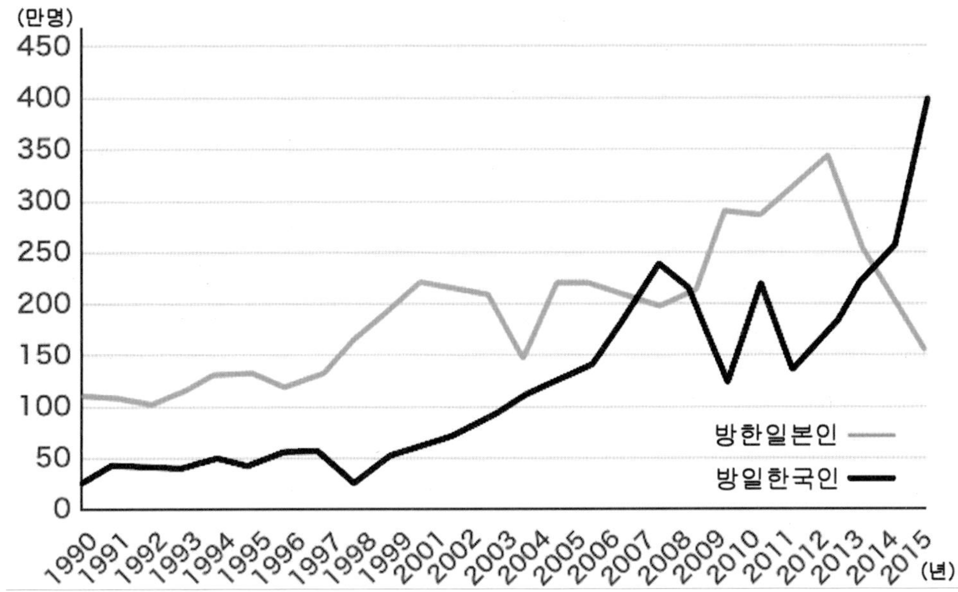

출처 : JNTO/한국관광공사 통계자료

한일 간 수출액과 무역수지의 추이

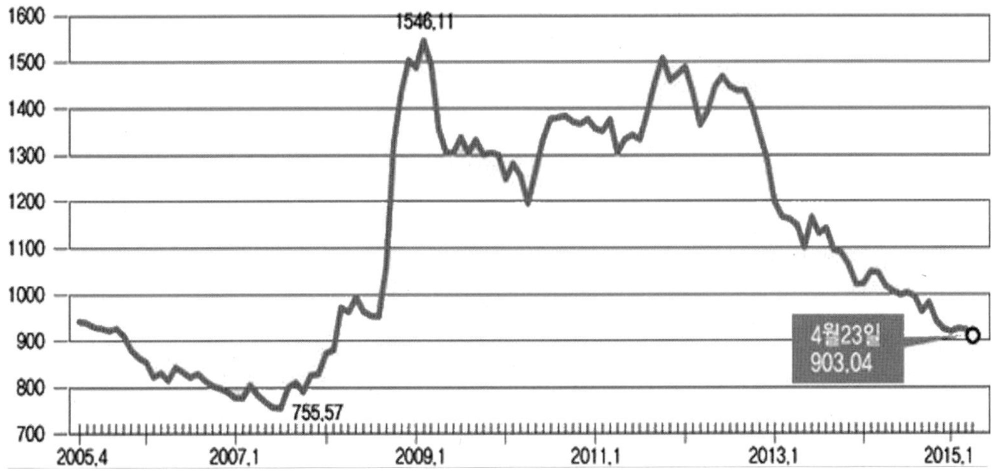

출처 : 한국은행 통계시스템

100엔당 월평균 원화 환율의 추이

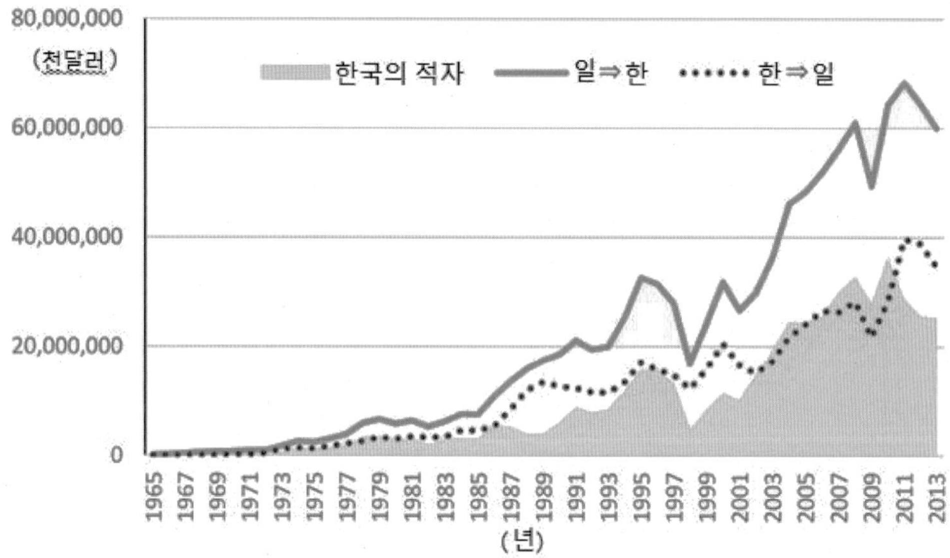

(일본)

1991. 8. 한국인위안부 피해자가 일본정부를 상대로 처음으로 소송제기

1992. 1. 위안부 문제에 대해 미야자와 수상이 사죄와 진상규명을 약속

1993. 8. 위안부문제 2차 조사결과 발표 시에 고노 담화 발표
(→ 역대 정권이 답습)
호소카와 정권 성립(비자민당 정권)

1995. 7.~ 아시아 여성기금 설립

1995. 8. 전후 50주년 무라야마 총리 담화
(→ 한국의 평가는 별로)

(한국)

1993. 2. 김영삼 대통령 취임 문민정부
→ "역사 바로 세우기" → (일본인들의 역사관 바로 잡기로)

(1994. 7. 김일성 사망)

1994 독도(다케시마) 문제 (UN해양법 조약에 의한 영해, EEZ설정)

1995 전두환/노태우에게 실형 선고(97.12에 사면)

(1997.7.　　아시아통화위기)

1997　　한국이 자금 지원 요청

IMF 210억, 세계은행 100억$, 아시아개발은행 40억$

일본정부가 일본 내 상업은행들의 상환기간 연장 설득

1998.10.　　오부치 김대중 <한일 파트너십 선언>

양국 관계를 아시아태평양지역의 안전을 위해 추진

① (안보면)냉전기와 다른 새로운 질서 형성
(1992 EU설립이 배경)

② (경제면)세계적인 경제효과 파급에 대한 대처
(1997 아시아통화위기가 배경)

→ 신 미야자와 구상(300억$ 규모의 자금 지원)[6]
한국에 83.5억¥ 융자(1999.3.20. 표명)

→ 2000.5. ASEAN+3(한중일)의 지역 금융 안정망
(요청국 통화와 지원국 달러를 교환하는 통화스와프 치앙마이 이니셔티브 다자화 CMIM : Chiang Mai Initiative Multi-lateralisation)

→ 2015.2 종료

③ 일본제품에 시장을 개방 (일본문화 개방을 포함)

2001　　고이즈미 정권

2002　　월드컵 공동 개최

2003　　"겨울연가" NHK위성방송으로 방영

2004　　"겨울연가" NHK지상파로 방영

→ 한류 열풍

[6] 외환위기지원에 관한 새로운 구상(신 미야자와 구상) : 1997년의 외환위기를 거쳐 일본이 1998년10월에 통화 위기에 처한 아시아 국가들의 경제난 극복을 지원하고, 국제 금융 자본 시장의 안정화를 도모하기 위해 내놓은 지원책. 아시아 국가의 실물·경제 회복을 위한 중장기 자금 지원으로 150억$, 경제 개혁 추진을 위한 단기 자금 수요 대비로 150억$, 300억$의 자금 지원 체계를 마련한 것.

→ 양국의 "국민정서"가 대규모로 접속
→ "공유한 가치관"의 차이가 노출되는 계기

2003. 2. 노무현 정권 발족
386세대가 대두 여론의 영향력 → 국민정서의 표출
2004. 7. 한일정상회담 "임기 중에 역사문제를 제기 하지 않겠다"

냉전 체제의 붕괴로 미국을 중심으로 한 군사적 우호관계가 약화
국가 간 교류에서 민주화로 인한 양쪽 시민간의 교류로 확대
해결되지 못한 문제가 서서히 표면화

4. 2005~현재 전환기

〈2005년도 이후 연표〉

2005년 : 한일국교정상화 40주년으로 "한일우정의 해"
독도(다케시마) 일본영토 편입 100주년
2005. 2. 시마네현이 "다케시마의 날" 조례안 가결, 제정
2005. 3. 1. 노무현 대통령 3.1기념식 연설에서 "사죄와 반성 배상 요구"
2005. 4. 일본 교과서 검정결과("다케시마는 일본 영토"로 명기)
2005. 7. 일본에서 만화 "혐한류" 출판
2005. 8. 고이즈미 담화(무라야마 담화 답습)

2006.12. 일본 재특회(재일특원을 용서하지 않는 시민의 모임) 발족

2007. 3. 재특회 회원수 1,000명 돌파

2008. 2. 이명박 정권 출범

후쿠다 수상과 정상회담(한일신시대)

2008. 4. 이명박 일본 방문**(3년 4개월 만에)**

(2008.12. 리만사태)

2009. 7. 하토야마 정권(민주당) 출범

2010. 6. 간나오토 정권 출범

2010. 8. 한일합병 100년으로 간 수상 담화("통절한 반성과 사죄")

2011. 3.11. 동일본대지진
(한국이 일본에게 11.4말까지 약 908억 원 성금)

2011. 4. 일본 교과서에 다케시마 기술이 증가

2011. 8. 한국 헌법 재판소 판결(위안부문제의 구체적인 해결을 위해 노력)

2011. 9. 노다 정권 출범

2011.12. 이명박 노다 교토 회담 일본에 '성의' 요구

2012. 5. 강제 동원된 징용공이 일본 미쓰비시와 신일본제철에 손해 배상과 미불 임금요구 소송
(한국정부의 입장은 강제동원에 관해서는 65년 청구권협정 때 지불금에 포함(위안부/원폭피해자/사할린잔류민은 미포함))

2012. 6. 한일 비밀 정보 보호 협정 문제

2012. 8. 이명박 독도 상륙

2012.12. 2차 아베 정권

2013. 2. 박근혜 정권 성립

2013. 3. 1. 3.1절 연설 "가해자와 피해자의 역사적 입장은 천년의 역사가 흘러도 변함이 없다"

2013. 5. 한미정상회담 "일본은 올바른 역사인식을 가져야 한다"

2013. 5. 한국의 30대 청년이 일제 식민지배를 옹호한 90대 노인을 살해

2013.12. 아베 수상 야스쿠니신사 참배(한국이 반발)

2014. 6.	일본 정부가 고노 담화를 검증
2014. 6.	세종대 박유하 교수 "제국의 위안부" 나눔의 집으로부터 기소
2014. 8.	일본 아사히신문 위안부에 관한 요시다세이지 증언[7]을 취소
2015.11.	아베 박근혜 첫 정상회담(3년6개월만의 정상회담)
2015. 9.	일본 국회에서 "평화안전법"[8] 통과
2015.12.28.	한일 위안부 합의[9] 발표
2016. 6.	일본 증오언설 금지법 시행
2016.10.	한국 JTBC 최순실 비선실세의혹 보도
2016.12. 9.	박근혜 대통령 탄핵안 가결
2017. 3.10.	헌법재판소 탄핵심판 인용 결정
2017. 5. 9.	대통령 선거

이 시기의 한일 간 경제협정

2005	통화 스와프 협정 일본은행/한국은행이 엔/원을 5년간 상호 융통 한도 액 30억$
2008.12.	리만사태. 인출 한도액 200억$로 인상(2010.4까지)

---

7 일본인 요시다세이지(吉田清治)가 1978년에 출판된 자신의 저서에서 일제강점기에 제주도에서 당시의 조선인여성을 강제 연행하여 위안부로 만들었다는 증언. 한일 양국의 역사학자, 언론인의 조사결과 내용이 거짓인 것이 밝혀졌는데 그 후에도 언론 등에 요시다에 증언에 근거한 보고들이 계속되어 위안부문제를 더 복잡하게 만든 사건.

8 원래 헌법으로 자국 방위에만 전투행위가 허용되던 일본 자위대를 헌법 개정 없이 해석만 다르게 하고 미국 등 동맹국의 전투행위에 가담(집단자위권의 행사)할 수 있게 한 법.

9 한일 외무장관회담 후 열린 공동기자발표에서 일본 기시다후미오 외무 장관과 한국 윤병세 외교부장이 "위안부 문제가 최종적 불가역적으로 해결됨을 확인했다"고 한 합의 내용을 발표. 단 합의는 공식문서를 통하지 않고 공동발표 형식으로 진행되었다. 위안부 지원을 위해 한국이 설립하는 재단에 일본 정부가 10억 엔을 기여하고 문제해결에 협력하는 것과 양국 정부가 향후 유엔 등 국제사회에서 위안부 문제를 둘러싼 비난을 자제하는 것을 확인했다.

2010. 6.　　협정 3년 연장 2013.7까지

2011.10.　　유럽금융 시장 불안정. 한도액 700억$로 인상(2012.10말까지)

2013. 7.　　한일 통화 스와프 협정 만기 종료

영국 간 경제 관계 정리(1965~2017)

■ 국가 간 사업의 보상/협력/차관 : (일본 → 한국)

차관/무상 자금협력 :

1965~90에 차관 약¥6,455억, 무상협력 약¥47억)

기술협력 : 1965~2001(약 ¥244억)

■ 무역 : 5,164억$ 일본의 흑자(한국의 적자)

■ 인적교류 : 관광/단기 체류자는 2000년대 중반까지 일 < 한 이후는 환율 추이의 영향을 받고 상승과 하락

최근의 한일 간 갈등의 대한 분석과 전망

2005 시마네현의 다케시마의 날 재정 때쯤부터 시작 →
국가 간에서 유보하는 것으로 시작된 한일 관계가 끝나고 새로운 관계를 구축해가는 과정

원인 : ① 한국의 민주화에 따른 국민정서의 표출

② 일본의 경제적 위상의 하락

→ 근대화 이후 처음으로 겪는 자신감의 상실

→ 보상심리로서의 우경화

③ 중국의 발전과 경제관계 증대

일미한 관계의 중요성이 상대적으로 약해지고 중한 관계 중시로

전망 : ①③은 계속될 듯, ②는 미지수

한국과 주요무역국의 무역액수

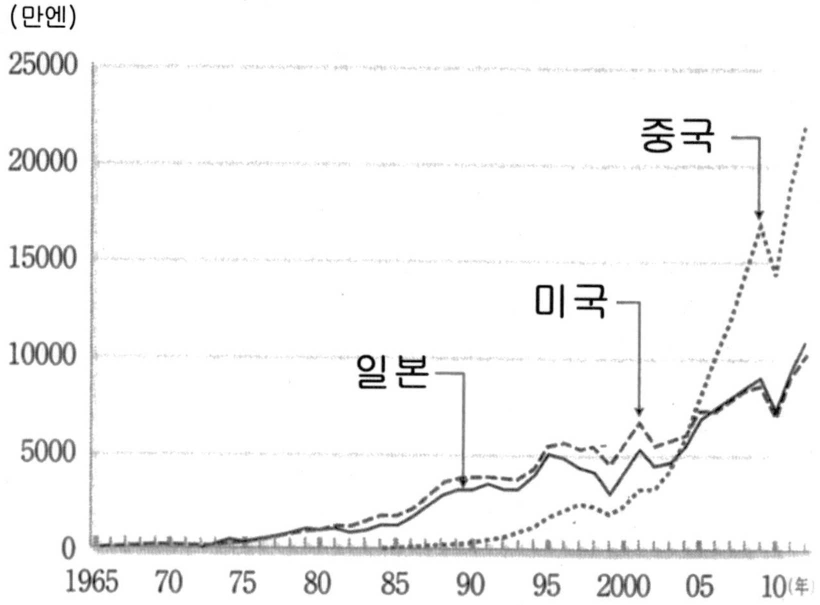

한국 무역의 주요국가의 비율

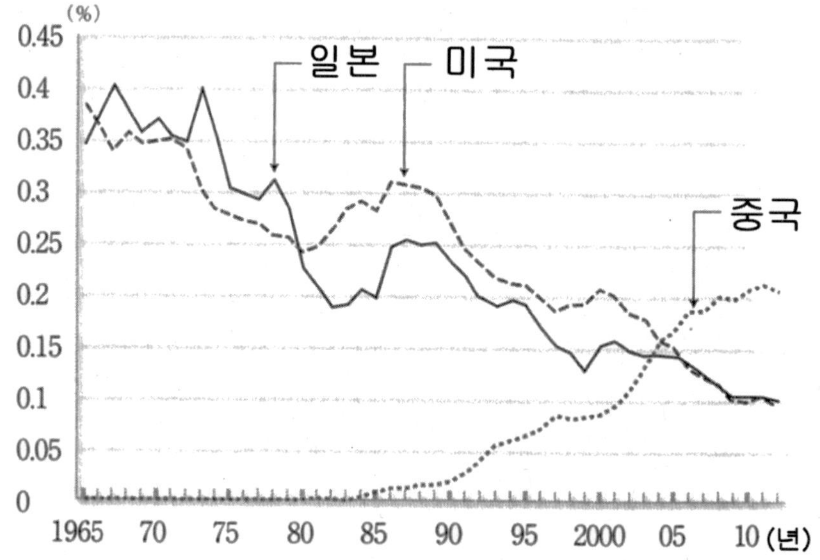

출처 : 한국통계청, 木村(2012)

한일경제관계사 복습

1. 2차대전 이후의 한국과 일본의 경제관계를 20년 간격으로 나누어 보면 1945~1965년은 교류의 공백기간, 1965~1985년은 (　　　　　　　)에 의한 교류의 시기, 1985~2005년은 (　　　　　　　)에 의해 교류가 확대하는 시기, 2005~현재는 새로운 관계로의 전환기로 나눌 수가 있다.

2. 미국의 일본통치를 끝내는 샌프란시스코 강화조약(1951체결, 1952시행) 때 한국의 대통령 (　　　　　)은/는 일본강점기의 청구배상을 위해 샌프란시스코 평화 회의 참여를 요청했으나 식민지를 다수 보유 했던 (　　　　　　　)에 의해 거부당했다.

3. 한국과 일본이 국교를 정상화하는 조약인 (　　　　　　　)은/는 ( )차 ( )년에 걸친 예비회담 끝에 ( )년, 한국 (　　　　　　　)대통령, 일본 (　　　　　　　)수상 때에 체결되었다. 회담의 중심과제는 (　　　　　　　　　), (　　　　　　　　　), (　　　　　　　　　)의 3가지였다. 채결결과 일본은 한국에 (　　　　　　　　　)의 명목으로 배상금을 제공하게 되었는데 그 액수는 무상제공 (　　　　　　　)$, 정부개방지원금(　　　　　　　)$, 기타 민간 상업차관(　　　)$가 되었고 지원금 중 일부는 (　　　　　　　)의 건설비용 등으로 쓰이고 한국이 경공업 중심에서 중공업화의 기반을 구축하는데 사용되었다. 하지만 한일 양국 정부는 국민에게 지원금 명목을 다르게 설명했고 역사인식 문제, 영토문제 등은 보류된 상태로 여전히 문제의 씨앗은 남은 상태였다.

4. 1979년 10월 26일의 박정희 암살과 12월 12일의 전두환의 쿠데타로 80년 9월에 전두환 정권이 성립했다. 전두환은 극동지역 안전보장상의 한국의 역할을 강조하여 1981년4월에 일본에 100억$의 공적차관제공을 타진했는데 외교적으로 온건파였던 일본 스즈키 수상은 쿠데타로 성립된 전두환 정권과 거리를 두고 이를 거부했다. 하지만 1982년11월에 일본에서 군인출신으로 강력한 반공주의자 정지가인

(　　　　　　　)의 정권이 들어서자 1983년 1월에 서울에서 일한정상회의가 열려 일본 수상이 전후 처음으로 한국을 공식방문하게 되었다. 그 회의에서 일본은 주로 한국의 생활기반 정비의 목적으로 쓰이는 총액(　　)억$의 특별경제협력금의 지원을 약속했다.

5. 1998년 10월에 한국 김대중 대통령과 일본 오부치 수상이 양국이 공동으로 세계적인 경제효과 파급에 대처할 것과 한국이 일본제품에 시장을 개방할 내용을 포함한 (　　　　　　)를/을 발표했다.

6. 아시아 각국이 경제위기에 처한 IMF이 때를 교훈 삼아 1988년에 일본 미야자와 대장성 대신(당시)은 300억$ 규모의 국제적 자금 지원 체제를 선도하여 이 때 한국에도 (　　　　)억¥의 융자를 표명했다.

7. 2005년에는 일본은행과 한국은행 사이에서 엔/원을 한도액 ()억$로 5년간 상호 융통하는 (　　　　　　)이/가 체결되었다. 2008.12의 (　　　　　　)때에는 2010.4까지 인출 한도액이 200억$로 인상되었고 2010.6에는 협정이 3년 연장되었다. 2011.10에는 불안정하게 된 유럽의 금융시장에 대응하고 2012.10말까지 한도액이 (　　　　)억$로 인상되었는데 2013.7에 만기 종료되었다.

8. 한일 양국 간의 1965~2017 민간 무역을 정리하면 (　　　　)억$ 일본의 흑자(한국의 적자)로 되어 있다.

9. 근년에 들어 한일 간의 갈등이 날로 심화되어가고 있는데 그 원인 중에는 경제관계의 변화도 적지 않은 것 같다. 특히 한국의 무역에 차지하는 비율에서 (　　　　　　)이/가 (　　　　)년에 일본을, 2005년에 미국을 넘어 무역 의존도에서 1위가 되면서 한미일 간의 경제적 관계가 상대적으로 멀어져가고 있는 것도 그 원인의 하나로 생각된다.

참고문헌

株式会社リクルートジョブズ内調査研究機関ジョブズリサーチセンター調査(2017.7.기준).

厚生労働省(2017)『厚生労働白書』.

厚生労働省(2017)『男女共同参画白書 平成29年度版』.

国立教育政策研究所(2016)『大学生の学習状況に関する調査 基礎集計表1』.

小室直樹(1997)『小室直樹の資本主義原論』東洋経済新報社.

小室直樹(2004)『経済学のエッセンス』講談社.

木宮正史他(2015)『日韓関係史1965-2015 Ⅰ 政治』東京大学出版会.

木宮正史他(2017)『戦後日韓関係史』有斐閣.

木村幹(2012)「領土問題·慰安婦問題の構造は越えられるのか?」木村幹他著『徹底検証 韓国論.の通説·俗説』中央公論社.

国立教育政策研究所(2016)『2014大学生の学習状況に関する調査1基礎集計表』.

内閣府(2016)『世界経済の潮流1』.

内閣府(2017)『平成29年版男女共同参画白書』.

文部科學省(2014)『2014 学校基本調査報告書』.

文部科學省(2014)『2014 児童学費調査』.

文部科学省(2016)『学校基本調査』.

ミルトン&R·フリードマン著、西山千明訳(1980)『選択の自由』日本経済新聞社.

ミルトン·フリードマン著、村井章子訳(2008)『資本主義と自由』日本経済新聞社소總務省統計局(2017)『日本の統計 2017』.

박은태(2010)『경제학사전 개정판10판』경연사.

總務省統計局『全国消費実態調査結果』.

總務省統計局『国勢調査』.

柴田高(2006)「日本的経営研究におけるアベグレン的解釈の影響と限界」『東京経大学会誌』第252号.

池上彰(2013)『池上彰のやさしい経済学1』日本経済新聞社.

池上彰(2013)『池上彰のやさしい経済学2』日本経済新聞社.
ジェームス·C·アベグレン著、山岡洋一訳(2004)『日本の経営』日本経済新聞社.
韓日経済協会(2013)『韓日経済協会30年史』韓日経済協会.
本田豊他(2007)『経済学』櫻井書店.
IMF(2015) Causes and Consequences of Income Inequality : A Global Perspective.
JASSO(2014)『学生生活調査』.
OECD(2014)『OECD報告書 格差と成長』.
W·カール·ビブン著、斎藤精一郎訳(2002)『誰がケインズを殺したか』日本経済新聞社.

<참조 홈페이지>

内閣府HP (http://www.cao.go.jp/index.html)
日本経済新聞日本経済指標ダッシュボード
(https://vdata.nikkei.com/economicdashboard/macro/)
日本銀行HP (http://www.boj.or.jp/)
日本取引所グループHP (http://www.jpx.co.jp/)
日本政府観光局(JNTO)HP (https://www.jnto.go.jp/jpn/)
東京商工リサーチHP (http://www.tsr-net.co.jp/)
立命館大学 大野威研究室HP (http://ww1.tiki.ne.jp/~happy-n/trade-balance.html)
総務省統計局HP (http://www.stat.go.jp/)
上田ハーローHP (www.uedaharlowfx.jp/)
国土交通省HP (http://www.mlit.go.jp/)
金融庁HP (http://www.fsa.go.jp/)
한국관광공사HP (http://kto.visitkorea.or.kr/kor.kto)
한국은행HP (http://www.bok.or.kr/main/korMain.action)
한국통계청HP (http://kostat.go.kr/portal/korea/index.action)

일본의 경제와 생활

인 쇄 | 2017년 12월 22일
발 행 | 2017년 12월 27일

저 자 | 문현일
발행인 | 정병석
발행처 | 전남대학교출판문화원

등록 | 1981. 5. 21. 제53호
주소 | 61186 광주광역시 북구 용봉로 77
전화 | (062) 530-0571~2 마케팅 530-0573
팩스 | (062) 530-0579
홈페이지 | http://www.cnup.co.kr
이메일 | cnup0571@hanmail.net

값 10,000원

ISBN 978-89-6849-454-3 (93300)

이 도서의 국립중앙도서관 출판예정도서목록(CIP)은
서지정보유통지원시스템 홈페이지(http://seoji.nl.go.kr)와
국가자료공동목록시스템(http://www.nl.go.kr/kolisnet)에서 이용하실 수 있습니다.
(CIP제어번호 : CIP2017034825)

이 책은 2016년도 한국연구재단 대학 인문역량 강화사업(CORE) 지원에 의해 출판되었음
This study was financially supported by Initiative for College of Humanities
Research and Education of National Research Foundation of Korea, 2016